APRENDER INGLÉS PARA ENTREVISTAS DE TRABAJO

PREPÁRATE EN 30 DÍAS PARA RESPONDER CON CONFIANZA, EVITAR BLOQUEARTE Y DESTACAR EN ENTREVISTAS LABORALES EN INGLÉS

SPEAK FLUENTI

ÍNDICE

Disclaimer

The content in this book is provided for educational and informational purposes only. While every effort has been made to ensure accuracy, the publisher and author make no guarantees regarding the completeness or reliability of the information presented.

This book is designed to help readers improve their English communication skills specifically for job interviews and professional situations. However, it does not guarantee employment, interview success, or career outcomes.

The publisher and author disclaim any liability for decisions made or actions taken based on the information contained in this book.

About the Author

SpeakFluenti is an educational brand focused on helping Spanish-speaking learners master English through practical, structured, and real-world learning methods. SpeakFluenti collaborates with language professionals and educators to create accessible learning resources designed to help students speak English with confidence.

For more learning resources and materials, visit:

www.speakfluenti.com

IMPORTANTE: CÓMO UTILIZAR ESTE LIBRO EN FORMATO EBOOK

SOLO PARA LA VERSION EBOOK:

Si estás usando un lector electrónico o una tablet, no te preocupes: ¡igual puedes escribir notas y subrayar texto como lo harías en un cuaderno impreso!

A lo largo del libro, encontrarás preguntas o espacios para que escribas tus respuestas o ideas. Para hacerlo directamente en tu lector electrónico, solo mantén presionada con el dedo durante uno o dos segundos sobre la línea en blanco. Aparecerá un pequeño menú o un ícono (normalmente una lupa o menú desplegable). Selecciona la opción "Nota" o "Notes", escribe tu respuesta y automáticamente quedará guardada.

Cuando quieras volver a revisar, editar o agregar más detalles, solo tienes que tocar nuevamente sobre el texto resaltado o el ícono, ¡y ahí estará tu nota!

También puedes usar este mismo método para resaltar texto o marcar con colores las partes que te parezcan importantes. Anímate a experimentar y hacer que este cuaderno sea completamente tuyo. ¡Disfrútalo!

INTRODUCCIÓN

UNA OPORTUNIDAD QUE NO DEBERÍAS DEJAR PASAR

Imagina este escenario: encuentras una oferta de trabajo que parece perfecta para ti. El puesto encaja con tu experiencia, el salario es mejor de lo que esperabas y la empresa tiene todo lo que siempre has buscado. Pero hay una condición que cambia todo: la entrevista será en inglés.

¿Qué sientes en ese momento?

Para muchas personas, la respuesta es una mezcla de emoción y miedo. La emoción viene de ver una oportunidad real. El miedo viene de pensar en hablar inglés frente a un entrevistador, de no encontrar las palabras correctas, de cometer errores, de quedarse en blanco justo cuando más importa.

Si reconoces esa sensación, este libro fue escrito para ti.

No estás solo o sola en esto

Hablar inglés en una entrevista de trabajo es uno de los desafíos más comunes que enfrentan los hispanohablantes en el mundo profesional de hoy. No importa si llevas años estudiando inglés, si lo entiendes bien cuando lo escuchas, o si puedes leer artículos en ese idioma sin mayor dificultad. Cuando llega el momento de expresarte de manera fluida, profesional y bajo presión, muchas personas sienten que el idioma simplemente "desaparece".

Esto no significa que tengas un problema. Significa que estás enfrentando un reto que millones de personas en todo el mundo experimentan exactamente igual que tú.

La diferencia entre quienes logran superar ese reto y quienes no lo hacen no es el nivel de inglés perfecto. La diferencia es la preparación.

Por qué el inglés se ha convertido en una llave profesional

En las últimas décadas, el mundo laboral ha cambiado de una manera que nadie hubiera imaginado hace treinta años. Las fronteras geográficas ya no limitan las oportunidades de trabajo. Hoy es completamente normal que una persona en México, Colombia, Argentina, Perú o cualquier otro país de habla hispana trabaje para una empresa con sede en Estados Unidos, Canadá, Europa o cualquier parte del mundo, sin necesidad de mudarse.

El trabajo remoto ha abierto puertas que antes estaban completamente cerradas. Empresas tecnológicas, agencias de marketing, firmas de consultoría, organizaciones sin fines de lucro y cientos de otros tipos de empleadores contratan talento a nivel global. Y el idioma que conecta a todos esos profesionales con sus empleadores es, en la gran mayoría de los casos, el inglés.

Esto no es una preferencia ni una tendencia pasajera. Es la realidad del mercado laboral internacional del siglo veintiuno. El inglés se ha convertido en el idioma de los negocios globales, de la tecnología, de las negociaciones internacionales y de las comunicaciones profesionales en prácticamente todos los sectores de la economía.

Lo que esto significa para ti es sencillo pero poderoso: si puedes comunicarte en inglés con suficiente confianza para pasar una entrevista, tienes acceso a un mercado de trabajo exponencialmente más grande que el de tu propio país. Tienes acceso a mejores salarios, a empresas más innovadoras, a equipos de trabajo más diversos y a posibilidades de crecimiento que simplemente no existen en muchos mercados locales.

Aprender a desenvolverte en inglés en el contexto profesional no es un lujo. Es una inversión en tu futuro.

La entrevista de trabajo: un momento que puede cambiar tu vida

Una entrevista de trabajo es, en muchos sentidos, uno de los momentos más importantes de la vida profesional de cualquier persona. En esa conversación de treinta, cuarenta y cinco minutos o una hora, estás presentando no solo tus habilidades técnicas, sino también tu personalidad, tu forma de pensar, tu capacidad para comunicarte y tu nivel de preparación.

Y eso ya es suficientemente intimidante cuando la entrevista ocurre en tu idioma nativo.

Las entrevistas de trabajo generan estrés incluso para las personas más seguras de sí mismas. Pensar en las preguntas que pueden hacerte, en cómo presentar tu experiencia de la mejor manera posible, en qué decir y qué no decir, en cómo manejar preguntas difíciles o incómodas... todo eso genera presión. Es completamente normal sentir nervios antes y durante una entrevista.

Ahora imagina que todo eso ocurre en un idioma que no es el tuyo. Imagina que mientras piensas en qué responder, también tienes que pensar en cómo conjugar el verbo correctamente, en qué vocabulario usar, en si tu pronunciación es comprensible, en si el entrevistador te está entendiendo. Es como intentar correr una carrera con una mochila extra llena de preguntas y dudas.

Eso es exactamente lo que sienten muchos hispanohablantes cuando enfrentan una entrevista en inglés. No es debilidad. Es simplemente el resultado de haberse preparado para comunicarse en inglés de manera general, pero no específicamente para el contexto profesional de una entrevista.

Los miedos más comunes... y por qué todos los sienten

A lo largo de nuestra experiencia en SpeakFluenti ayudando a hispanohablantes a prepararse para el mundo profesional en inglés, hemos identificado una serie de miedos que aparecen una y otra vez. Si alguno de estos te resulta familiar, quiero que sepas que no estás solo o sola:

"Me voy a quedar en blanco justo cuando me hagan la pregunta más importante."

Este es quizás el miedo más universal. La idea de que en el momento decisivo, tu mente simplemente se vacíe y no puedas pronunciar una sola palabra coherente. Lo bueno es que esto ocurre mucho menos cuando has practicado con anticipación y sabes exactamente qué tipo de respuestas necesitas preparar.

"No voy a entender lo que me pregunten."

El miedo a no comprender al entrevistador es muy real, especialmente porque hay diferentes acentos en inglés y cada persona habla con un ritmo distinto. Sin embargo, los entrevistadores de empresas internacionales están acostumbrados a trabajar con personas de distintos países y suelen hablar con claridad. Además, siempre es válido pedir que repitan o aclaren una pregunta, algo que te enseñaremos a hacer con naturalidad en este libro.

"Mi inglés no es suficientemente bueno para esto."

Esta es la creencia más limitante de todas, y también la más equivocada. No necesitas un inglés perfecto para tener una entrevista exitosa. Necesitas un inglés funcional, claro y preparado para el contexto específico de una entrevista profesional. Hay una diferencia enorme entre esos dos estándares, y este libro te va a demostrar que el segundo está completamente a tu alcance.

"Voy a cometer tantos errores gramaticales que el entrevistador va a pensar que no soy profesional."

Los entrevistadores de empresas internacionales y de equipos remotos no esperan que hables como alguien que nació en Londres o Nueva York. Lo que esperan es que puedas comunicarte con claridad, que puedas responder preguntas con coherencia y que demuestres que tienes la capacidad de trabajar en un entorno donde el inglés es el idioma principal. Un error gramatical aquí y allá no arruina una entrevista. La falta de preparación, sí.

"No sé qué preguntas me van a hacer."

Aquí hay una noticia muy buena: las entrevistas de trabajo en inglés, especialmente para empresas internacionales y posiciones remotas, siguen patrones muy predecibles. Hay preguntas que aparecen en prácticamente todas las entrevistas. Y esas preguntas son exactamente las que vamos a trabajar juntos en este libro.

Lo que los entrevistadores realmente buscan

Antes de continuar, quiero compartir contigo algo que transforma completamente la manera de ver una entrevista en inglés: los entrevistadores no están ahí para juzgar tu gramática. Están ahí para conocerte como profesional.

Cuando alguien te entrevista para un puesto de trabajo, lo que quiere saber es: ¿Puedes hacer este trabajo? ¿Puedes comunicarte con el equipo? ¿Tienes las habilidades y la actitud correctas? ¿Encajas con la cultura de esta empresa?

Tu nivel de inglés es importante en la medida en que te permite responder esas preguntas con claridad. Pero no es lo que determina si eres el candidato correcto para el puesto. Tu experiencia, tus habilidades, tu preparación y tu actitud son los factores que más pesan en la decisión final.

Con eso en mente, prepararte para una entrevista en inglés no es un ejercicio de perfección lingüística. Es un ejercicio de comunicación efectiva. Y comunicarse de manera efectiva es algo que puedes aprender, practicar y dominar, independientemente de tu nivel actual de inglés.

La preparación lo cambia todo

Existe una diferencia fundamental entre alguien que llega a una entrevista en inglés sin preparación específica y alguien que llega habiendo practicado las preguntas más comunes, habiendo preparado respuestas sólidas y habiendo trabajado su vocabulario profesional.

La primera persona improvisa. Improvisa en un idioma que no es el suyo, bajo presión, frente a alguien que tiene el poder de ofrecerle o negarle una oportunidad de trabajo. Esa combinación es una receta casi garantizada para el bloqueo, la confusión y la frustración.

La segunda persona llega con confianza. No con arrogancia ni con la certeza de que todo saldrá perfecto, sino con la tranquilidad que viene de saber que se preparó, que conoce las preguntas más probables, que tiene respuestas organizadas y que sabe cómo reaccionar cuando algo sale diferente a lo esperado.

La preparación convierte una situación de miedo en una situación de competencia. Y eso es exactamente lo que este libro está diseñado para darte.

BIENVENIDO A SPEAK FLUENTI

En SpeakFluenti creemos que aprender inglés no debería ser un proceso teórico y desconectado de la vida real. Creemos que el inglés se aprende mejor cuando se aprende en contexto, cuando cada expresión, cada estructura gramatical y cada nuevo vocabulario tiene un propósito claro y una aplicación inmediata.

Nuestra metodología está basada en situaciones reales de la vida cotidiana y profesional. No enseñamos inglés para que puedas aprobar un examen. Enseñamos inglés para que puedas usarlo cuando más lo necesitas: en una conversación importante, en una reunión de trabajo, en un correo electrónico profesional... y, por supuesto, en una entrevista de trabajo.

Este libro es una extensión de esa filosofía. No encontrarás aquí lecciones aburridas de gramática aisladas de todo contexto. Encontrarás un programa de preparación práctico, paso a paso, diseñado específicamente para ayudarte a enfrentar el desafío concreto de una entrevista de trabajo en inglés.

Piensa en este libro como tu entrenador personal para ese momento. Vamos a trabajar juntos, a tu ritmo, para que llegues a tu próxima entrevista en inglés sintiéndote listo o lista.

Qué vas a aprender en este libro

A lo largo de estas páginas, vamos a cubrir todo lo que necesitas saber y practicar para desenvolverte con confianza en una entrevista de trabajo en inglés. Específicamente, esto es lo que vas a encontrar:

Primero, vamos a explorar las preguntas más comunes en entrevistas de trabajo en inglés. Estas son las preguntas que aparecen en la gran mayoría de los procesos de selección, desde las más básicas como "Háblame de ti" hasta las más desafiantes como preguntas sobre tus debilidades o sobre situaciones difíciles que hayas enfrentado. Para cada una de ellas, vas a tener ejemplos de respuestas efectivas que puedes adaptar a tu propia experiencia.

Segundo, vas a desarrollar vocabulario profesional específico para el contexto de las entrevistas. Hay palabras y expresiones que aparecen repetidamente en este tipo de conversaciones y que, una vez que las conoces y las has practicado, te dan una ventaja enorme. Este libro te va a presentar ese vocabulario de manera organizada y con ejemplos claros de cómo usarlo.

Tercero, vamos a trabajar en las expresiones y frases que más necesitas en diferentes momentos de la entrevista: cómo presentarte al inicio, cómo responder preguntas sobre tu experiencia, cómo hablar de tus logros, cómo hacer preguntas al entrevistador al final de la conversación y cómo cerrar la entrevista de manera profesional.

Cuarto, vas a aprender a manejar situaciones complicadas: qué hacer si no entiendes una pregunta, cómo responder cuando te hacen una pregunta inesperada, cómo hablar de temas sensibles como salario o razones por las que dejaste un trabajo anterior, y cómo recuperarte si cometes un error.

Quinto, te vamos a ayudar a identificar y corregir los errores más comunes que cometen los hispanohablantes en inglés profesional, especialmente en el contexto de entrevistas. Muchos de estos errores vienen de traducir directamente del español, y conocerlos con anticipación te va a ahorrar momentos incómodos.

Finalmente, a lo largo del libro encontrarás ejercicios prácticos, modelos de respuesta y recursos adicionales para seguir practicando. La lectura es importante, pero la práctica es lo que realmente consolida el aprendizaje. Por eso este libro está diseñado para que no solo leas, sino para que practiques activamente.

Una sola entrevista puede cambiar todo

· · ·

Quiero que te detengas un momento y pienses en lo que podría abrirse para ti si tuvieras la confianza de hacer una entrevista en inglés con seguridad.

Podrías acceder a posiciones en empresas multinacionales que pagan en dólares, euros o libras esterlinas. Podrías trabajar desde tu casa para una organización en otra parte del mundo. Podrías abrir la puerta a oportunidades de migración, de crecimiento profesional acelerado o de proyectos que simplemente no existen en tu mercado local.

El mundo de las personas que pueden comunicarse profesionalmente en inglés es literalmente más grande. Y no hablamos de un inglés perfecto de presentador de televisión. Hablamos de un inglés funcional, preparado y confiado para el contexto específico de una conversación de trabajo.

Una sola entrevista puede cambiar el rumbo de tu carrera. Hemos visto cómo esto ocurre una y otra vez con personas que llegaron a SpeakFluenti sintiendo que nunca iban a poder comunicarse en inglés con confianza. Después de prepararse, de practicar y de entender exactamente qué se espera de ellas en ese tipo de conversación, lo lograron. Y tú también puedes lograrlo.

No te pedimos que confíes ciegamente en esa afirmación. Te pedimos que lo compruebes tú mismo o misma, página a página, ejercicio a ejercicio, a lo largo de este libro.

Cómo usar este libro

Este libro está diseñado para leerse de manera progresiva, desde el principio hasta el final. Cada capítulo construye sobre lo anterior, de manera que cuando llegues a los capítulos más avanzados, ya tendrás una base sólida de vocabulario, expresiones y confianza.

Te recomendamos leer con un cuaderno o bloc de notas cerca. Anota las expresiones que más te llamen la atención, escribe tus propias respuestas a las preguntas de práctica y revisa tus notas antes de hacer los ejercicios de cada capítulo.

Practica en voz alta. Este es uno de los consejos más importantes que podemos darte. Leer en silencio no es suficiente para prepararse para hablar. Tu cerebro necesita practicar el acto de producir sonidos, de organizar ideas mientras hablas y de escucharte a ti mismo o misma. Así que siempre que puedas, di las respuestas en voz alta, aunque estés solo o sola en tu cuarto.

No saltes secciones porque sientas que ya las conoces. Es posible que en algún capítulo encuentres preguntas que ya habías escuchado antes. Sin embargo, la diferencia está en los detalles: en cómo estructurar la respuesta, en qué vocabulario usar, en cómo sonar profesional. Esos detalles marcan la diferencia.

Y sobre todo: sé paciente contigo mismo o misma. El aprendizaje de un idioma no es lineal. Habrá días en que sientas que estás avanzando a pasos agigantados y días en que todo parezca más difícil. Eso es completamente normal. Lo importante es la consistencia, no la perfección.

· · ·

Estamos aquí contigo en cada paso

En SpeakFluenti, la filosofía que guía todo lo que hacemos es simple: nadie debería perder una oportunidad profesional por no tener el apoyo correcto para aprender inglés de manera práctica y efectiva.

Este libro es parte de ese compromiso. No es un texto académico ni un manual técnico. Es una guía práctica escrita por personas que entienden exactamente lo que sientes cuando enfrentas el reto de comunicarte en otro idioma bajo presión, y que han dedicado años a ayudar a hispanohablantes a superar exactamente ese desafío.

Cada capítulo, cada ejemplo, cada ejercicio y cada consejo en estas páginas fue pensado con una persona específica en mente: alguien como tú, con ganas de crecer profesionalmente, con la disposición de trabajar para lograrlo y con la necesidad de un guía que hable su idioma y entienda su contexto.

Eso somos nosotros. Eso es SpeakFluenti.

Lo que viene en el Capítulo 1

El primer capítulo de este libro te lleva directamente al corazón de cualquier entrevista de trabajo en inglés: la presentación personal. Aprenderás a responder con confianza y de manera profesional a la pregunta que casi siempre aparece al inicio de cualquier entrevista: "Tell me about yourself."

Parece una pregunta sencilla, pero para muchas personas es una de las más difíciles de responder bien. ¿Qué incluir? ¿Qué dejar fuera? ¿Cuánto tiempo hablar? ¿Cómo estructurar la respuesta para que suene profesional y deje una primera impresión poderosa?

Vamos a responder todas esas preguntas juntos. Vas a ver ejemplos reales de presentaciones personales efectivas, vas a aprender una estructura simple que puedes adaptar a tu propia historia profesional y vas a tener la oportunidad de practicar hasta que esa respuesta se sienta natural y segura.

Esa primera impresión puede marcar el tono de toda la entrevista. Prepararla bien es uno de los pasos más importantes que puedes dar.

Estás a punto de empezar una preparación que puede abrirte puertas que nunca pensaste posibles. El primer paso es siempre el más importante. Ya lo diste.

Bienvenido o bienvenida a SpeakFluenti.

BONUS: 🎁 ¡TU LIBRO VIENE CON UN REGALO EXCLUSIVO!

Este libro es solo el comienzo…

Ahora puedes acceder totalmente GRATIS al **Curso en Video de 30 Días para Hablar Inglés y la comunidad de SKOOL**, creado especialmente para lectores como tú.

¿Te cuesta mantenerte motivado?

¿Te gustaría ver y escuchar cómo se aplica lo que estás leyendo?

¿Quieres sentir que alguien te guía paso a paso?

Entonces este curso es para ti.

🎥 ¿QUÉ INCLUYE EL CURSO?

☑ 30 lecciones en video (una por día, de solo 3 a 5 minutos)

☑ Explicaciones claras y prácticas que complementan cada capítulo del libro

☑ Ejercicios en pantalla, ejemplos reales y trucos para hablar con confianza

☑ Acceso a nuestra comunidad privada en **Skool** donde aprenderás junto a otras personas, resolverás dudas y nunca estarás solo

📱 Escanea el código QR que ves aquí arriba y accede al instante.

"No tienes que estudiar más… solo sigue el plan, un video al día, y verás cómo tu inglés empieza a fluir."

Hazlo por ti.
Hazlo fácil.
Hazlo con **Speak Fluenti.**
Únete ahora al curso gratuito y empieza a hablar inglés con confianza desde hoy.

CAPÍTULO 1
CÓMO FUNCIONAN LAS ENTREVISTAS DE TRABAJO EN INGLÉS

Antes de practicar respuestas, de memorizar vocabulario o de preparar tu presentación personal, necesitas entender el terreno en el que vas a moverte. Una entrevista de trabajo en inglés no es simplemente una entrevista normal con el idioma cambiado. Tiene su propia cultura, su propia estructura, sus propias expectativas y sus propias reglas no escritas.

Conocer esas reglas con anticipación es una ventaja enorme. Cuando entiendes cómo funciona el proceso, qué espera el entrevistador, qué van a preguntarte y cómo se desarrolla típicamente la conversación, la incertidumbre disminuye. Y cuando la incertidumbre disminuye, el miedo también.

Eso es exactamente lo que vamos a construir en este capítulo: una imagen clara y completa de cómo son las entrevistas de trabajo en inglés. No desde la teoría, sino desde la práctica. Para cuando termines este capítulo, vas a tener el mapa del territorio que estás a punto de explorar.

¿POR QUÉ LAS EMPRESAS HACEN ENTREVISTAS EN INGLÉS?

La primera pregunta que vale la pena responder es la más básica: ¿por qué una empresa te pediría que te entrevistes en inglés si tú y el entrevistador podrían hablar perfectamente en español?

La respuesta tiene varias capas, y entenderlas te va a ayudar a ver la entrevista desde una perspectiva diferente.

El inglés como idioma de trabajo

En muchas empresas internacionales, el inglés no es simplemente uno de los idiomas que se usan ocasionalmente. Es el idioma oficial de trabajo. Esto significa que las reuniones de equipo ocurren en inglés, los correos electrónicos internos se escriben en inglés, la documentación está en inglés, los reportes se presentan en inglés y la comunicación con clientes o socios de otros países ocurre completamente en inglés.

Para ese tipo de empresa, contratar a alguien que no pueda comunicarse en inglés no es simplemente una preferencia. Es una necesidad operativa. Si la persona que contratan no puede participar en las reuniones de equipo, leer los documentos o comunicarse con colegas en otras regiones, entonces no puede hacer su trabajo de manera efectiva, sin importar qué tan buenas sean sus habilidades técnicas.

Por eso, cuando una empresa de ese tipo te llama a una entrevista, quiere verificar con sus propios oídos que puedes comunicarte en inglés en un contexto profesional real. No confían únicamente en lo que dice tu currículum. Necesitan escucharte.

El trabajo remoto y los equipos globales

El crecimiento del trabajo remoto ha cambiado radicalmente el mercado laboral de los últimos años. Hoy es completamente normal que una empresa con sede en Estados Unidos, Canadá, el Reino Unido, Australia o cualquier otra parte del mundo anglófono contrate a profesionales en América Latina, Europa del Este, Asia o África para trabajar desde sus casas.

En esos equipos, los integrantes pueden ser de quince países diferentes. El único idioma que todos tienen en común, el único lenguaje que permite que el equipo funcione como una unidad, suele ser el inglés. La reunión semanal de equipo ocurre en inglés. Los chats de Slack o Teams están en inglés. Las presentaciones, los documentos de planificación y los mensajes del cliente están en inglés.

Si quieres acceder a ese mercado de trabajo remoto internacional, que generalmente ofrece salarios significativamente mejores que los mercados locales, necesitas poder comunicarte en ese idioma con suficiente fluidez para trabajar cómodamente en él.

. . .

La señal que envía el proceso de selección

Cuando una empresa decide que sus entrevistas serán en inglés, también está enviando una señal sobre cómo va a ser trabajar ahí. Está diciendo: en este lugar, el inglés no es opcional. Es parte del trabajo desde el día uno.

Eso es una buena noticia para ti como candidato, porque te da claridad. Si esa empresa te hace una oferta y aceptas, sabes exactamente en qué tipo de entorno vas a entrar. Y si sientes que todavía no estás listo o lista para ese nivel de uso diario del inglés, tienes información valiosa para decidir.

Pero en la gran mayoría de los casos, las personas que llegan a nuestros cursos y a este libro descubren que sí tienen las capacidades necesarias. Lo que les faltaba era preparación específica para ese contexto. Y eso es exactamente lo que este proceso te va a dar.

> **Ejemplo**
>
> **Entrevistador:** *"Good morning! Thank you for joining us today. How are you?"*
>
> **Candidato:** *"Good morning! I'm doing well, thank you. I'm excited to be here."*
>
> *Este tipo de apertura es completamente normal. No se espera que sea perfecta — solo que sea cálida y profesional.*

¿QUÉ ESTÁ EVALUANDO REALMENTE EL ENTREVISTADOR?

Este es quizás el punto más importante de todo el capítulo, y queremos que lo leas con mucha atención porque puede transformar completamente tu manera de ver las entrevistas en inglés.

La mayoría de las personas que se preparan para una entrevista en inglés pasan la mayor parte de su tiempo preocupándose por la gramática. Por conjugar los verbos correctamente. Por no cometer errores con los tiempos verbales. Por pronunciar perfectamente. Por sonar como alguien que nació en un país angloparlante.

Y aunque el inglés importa, ese no es el foco principal de lo que el entrevistador está evaluando.

Comunicación, no perfección

Los entrevistadores de empresas internacionales son personas acostumbradas a trabajar con profesionales de muchos países diferentes. Han escuchado inglés con acento mexicano, colombiano, argentino, brasileño, francés, alemán, indio, chino y de decenas de otros lugares. Saben perfectamente bien que el inglés es un segundo idioma para la mayoría de las personas del planeta.

Lo que están evaluando no es si hablas inglés como si hubieras nacido en California. Lo que están evaluando es si puedes comunicarte con suficiente claridad para hacer tu trabajo. ¿Pueden entender tus ideas? ¿Puedes explicar tu experiencia de manera coherente? ¿Puedes responder preguntas con lógica y estructura? ¿Puedes participar en una conversación profesional sin que haya malentendidos constantes?

Si la respuesta a esas preguntas es sí, el nivel de inglés es suficiente para el puesto. El acento no es un problema. Algunos errores gramaticales no son un problema. Una palabra que no recuerdas en el momento y que describes de otra manera no es un problema.

Las cinco cosas que realmente importan

Con base en lo que los reclutadores y gerentes de contratación de empresas internacionales reportan consistentemente, estos son los factores que más peso tienen en su evaluación:

1 Claridad de ideas: ¿Puedes explicar lo que quieres decir de manera comprensible? No se trata de vocabulario avanzado ni de estructuras gramaticales complejas. Se trata de que tu mensaje llegue claro. Una persona que usa un vocabulario sencillo pero expresa sus ideas con lógica y coherencia impresiona mucho más que alguien que intenta usar palabras complicadas y pierde el hilo de lo que estaba diciendo.

2 Confianza y actitud: La manera en que te presentas, la seguridad con la que hablas de tu experiencia y el nivel de entusiasmo que demuestras por la posición dicen mucho sobre ti como profesional. Un candidato nervioso que habla inglés imperfecto pero demuestra convicción y claridad suele causar mejor impresión que alguien que habla inglés más correcto pero parece inseguro sobre sus propias capacidades.

3 Capacidad de escucha: Una habilidad que se subestima enormemente en las entrevistas es la capacidad de escuchar con atención y responder exactamente lo que se preguntó. Muchos candidatos, por los nervios, dan respuestas que no corresponden a la pregunta. Eso genera una impresión de que no comprendes o de que no prestás atención, ambas señales negativas independientemente del idioma.

4 Relevancia de las respuestas: ¿Tus respuestas demuestran que tienes la experiencia y las habilidades para el puesto? El entrevistador está intentando construir una imagen mental de quién eres como profesional. Cada respuesta que das es una pieza de ese rompecabezas. Si tus respuestas son relevantes, específicas y bien estructuradas, esa imagen se vuelve clara y convincente.

· · ·

Actitud profesional: El tono que usas, el nivel de formalidad de tu lenguaje, la manera en que haces preguntas, cómo reaccionas cuando no entiendes algo y cómo manejas momentos de dificultad son todos indicadores de tu profesionalismo. Una persona que maneja esos momentos con gracia y madurez demuestra que va a ser fácil trabajar con ella.

> ✦ Recuerda
>
> El entrevistador no está calificando tu examen de gramática. Está imaginando si podría trabajar contigo todos los días. Esa es la pregunta que responde cada respuesta que das.

LA ESTRUCTURA TÍPICA DE UNA ENTREVISTA EN INGLÉS

Una de las maneras más efectivas de reducir el nerviosismo ante una entrevista es conocer exactamente cómo se va a desarrollar. Cuando sabes qué esperar en cada momento, no hay sorpresas. Y sin sorpresas, tu cerebro puede enfocarse en comunicarse bien en lugar de estar en modo de alerta constante.

La gran mayoría de las entrevistas de trabajo en inglés para empresas internacionales y posiciones remotas siguen una estructura bastante predecible. Puede haber variaciones según la empresa, el puesto o el estilo del entrevistador, pero los elementos principales son casi siempre los mismos.

La apertura y el small talk

Casi todas las entrevistas comienzan con un momento de conversación informal antes de entrar a las preguntas formales. En inglés, a esto se le llama "small talk", y aunque parece una formalidad sin importancia, en realidad cumple una función muy concreta: romper el hielo y establecer el tono de la conversación.

El entrevistador puede preguntarte cómo estás, cómo estuvo tu día, si encontraste bien la dirección de la oficina, o puede hacer algún comentario sobre el clima o sobre algo neutral. En entrevistas virtuales, es común que pregunten si puedes escucharlos bien, si la conexión está funcionando, o que hagan algún comentario ligero.

La clave en esta fase es responder de manera natural, cálida y breve. No es una trampa ni una pregunta difícil. Es simplemente una manera de empezar la conversación de forma humana.

> 💬 Ejemplo
>
> **Entrevistador:** *"Hi! Welcome. Did you have any trouble finding us today?"*
>
> **Candidato:** *"Not at all! The directions were very clear. It's a great location."*
>
> **Entrevistador:** *"Great! Can you hear me okay? Is the connection working well on your end?"*
>
> **Candidato:** *"Yes, everything sounds clear. Thank you for asking."*

▢ **La presentación del entrevistador y la empresa**

Después del small talk, el entrevistador generalmente se presenta a sí mismo y da un breve contexto sobre la empresa y el puesto. Puede decirte su nombre, su rol dentro de la organización y explicarte brevemente cómo va a ser la entrevista.

Esta parte es principalmente de escucha para ti. Presta mucha atención porque puede darte información útil sobre el tono de la entrevista, sobre qué aspectos del puesto les interesan más y sobre la cultura de la empresa. Si no entiendes algo de lo que dice, no te preocupes. Más adelante vamos a hablar sobre cómo pedir aclaraciones de manera natural y profesional.

▢ **Tu presentación personal**

Este es uno de los momentos más importantes de cualquier entrevista, y también uno de los más predecibles. En prácticamente todas las entrevistas, el entrevistador te va a pedir que te presentes. Las versiones más comunes de esta petición son:

"Tell me about yourself."
"Can you walk me through your background?"
"Can you introduce yourself?"

Este momento es tu oportunidad de presentar la versión más relevante y convincente de tu trayectoria profesional. No se trata de recitar tu currículum de memoria. Se trata de contar tu historia profesional de manera que conecte con lo que esa empresa está buscando.

Esta pregunta es tan importante que le vamos a dedicar un capítulo completo más adelante en el libro. Por ahora, lo que necesitas saber es que puedes y debes prepararla con anticipación. Es una de las respuestas que más vale la pena practicar hasta que fluya de manera natural.

▢ **Preguntas sobre tu experiencia y habilidades**

Después de tu presentación, el entrevistador comenzará a hacerte preguntas más específicas sobre tu experiencia laboral, tus habilidades técnicas y tu trayectoria. Este es el corazón de la entrevista, la parte que dura más tiempo y en la que más información se intercambia.

Las preguntas en esta sección pueden ser directas y concretas, como:

"How many years of experience do you have in this field?"
"What tools or software have you worked with?"
"Can you describe your responsibilities in your last position?"

O pueden ser más abiertas, invitándote a compartir ejemplos específicos de tu trabajo. La estructura de tus respuestas en esta sección es clave. Más adelante en el libro vamos a hablar sobre métodos para estructurar respuestas de manera clara y convincente, incluso cuando el inglés no es tu primer idioma.

. . .

5 Las preguntas de comportamiento

Este tipo de preguntas es muy característico de las entrevistas en inglés, especialmente en empresas con influencia norteamericana o del Reino Unido. Se llaman "behavioral questions" o preguntas de comportamiento, y se reconocen fácilmente porque casi siempre empiezan con frases como:

"Tell me about a time when..."
"Can you give me an example of..."
"Describe a situation where..."

El propósito de estas preguntas es entender cómo actúas en situaciones reales de trabajo. Los entrevistadores saben que el comportamiento pasado es el mejor predictor del comportamiento futuro. Por eso, en lugar de preguntarte cómo crees que reaccionarías ante una situación hipotética, te preguntan sobre algo que ya viviste.

Por ejemplo: "Tell me about a time when you had to manage a difficult situation with a colleague." O: "Can you describe a project where you had to work under significant pressure?"

Este tipo de preguntas requiere que tengas preparadas varias historias concretas de tu experiencia profesional. Vamos a trabajar en esto en detalle en capítulos posteriores, donde aprenderás una estructura probada para responder este tipo de preguntas de manera efectiva.

6 Preguntas sobre fortalezas y áreas de mejora

En algún punto de la entrevista, es muy probable que te pregunten sobre tus fortalezas y sobre tus áreas de mejora o debilidades. Estas preguntas clásicas siguen apareciendo en entrevistas de todo tipo y nivel:

"What would you say are your greatest strengths?"
"What is an area where you feel you could improve?"
"How would your previous colleagues describe you?"

La clave con estas preguntas no es dar la respuesta "perfecta" genérica. Es dar una respuesta honesta, reflexiva y relevante para el puesto al que estás aplicando. Un candidato que responde estas preguntas con autenticidad y autoconocimiento deja una impresión mucho más positiva que alguien que da la respuesta que cree que quieren escuchar.

7 Tus preguntas para el entrevistador

Hacia el final de la entrevista, el entrevistador casi siempre te va a dar la oportunidad de hacer preguntas. Esta sección no es opcional ni irrelevante. Es una parte importante de la entrevista, y llegar sin preguntas preparadas puede interpretarse como falta de interés o de preparación:

"Do you have any questions for us?"

Tus preguntas demuestran que has investigado sobre la empresa, que piensas con profundidad sobre tu carrera y que te tomas en serio la oportunidad. También te dan información valiosa para decidir si ese trabajo es realmente lo que quieres.

Más adelante en el libro vamos a dedicar tiempo a enseñarte exactamente qué tipo de preguntas hacer en este momento y cómo formularlas de manera profesional en inglés.

8 El cierre de la entrevista

El cierre es el último momento de la entrevista y, aunque sea breve, importa. El entrevistador generalmente explica cuáles son los próximos pasos del proceso, en qué plazos puedes esperar tener noticias y cómo proceder si tienes preguntas adicionales.

Tu trabajo en este momento es agradecer de manera profesional, confirmar tu interés en el puesto y despedirte con cordialidad. Un cierre bien manejado deja una impresión positiva que puede inclinar la balanza a tu favor cuando el entrevistador tiene que comparar candidatos.

> **Ejemplo**
>
> **Entrevistador:** *"We'll be in touch within the next week. Thank you so much for your time today."*
>
> **Candidato:** *"Thank you so much. I really enjoyed learning more about the team and the role. I look forward to hearing from you."*

LOS MIEDOS MÁS COMUNES… VISTOS DE FRENTE

Hasta aquí hemos hablado sobre el terreno de juego. Ahora vamos a hablar sobre lo que ocurre dentro de ti antes y durante una entrevista en inglés.

En SpeakFluenti hemos acompañado a cientos de hispanohablantes en su preparación para entrevistas en inglés. Y en ese proceso, hemos escuchado los mismos miedos una y otra vez. Lo que queremos hacer en esta sección es mirar esos miedos de frente, uno por uno, y darte una perspectiva honesta sobre cada uno de ellos.

"¿Y si no entiendo la pregunta?"

Este es el miedo número uno. La idea de que el entrevistador haga una pregunta, tú no la entiendas y te quedes mirándolo en silencio sin saber qué decir.

Aquí está la verdad: esto puede pasar. No es el fin del mundo.

En el mundo real de las entrevistas internacionales, pedir que repitan o aclaren una pregunta es completamente aceptable. Los entrevistadores están acostumbrados a ello. Lo que importa es cómo lo manejas. Si lo manejas con naturalidad y profesionalismo, no perjudica tu evaluación en absoluto.

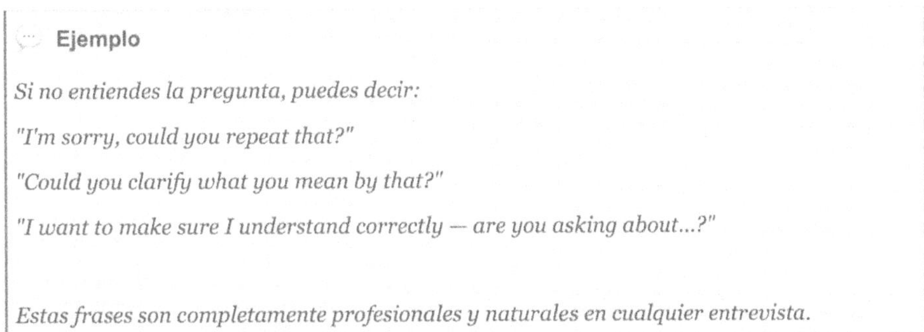

Ejemplo

Si no entiendes la pregunta, puedes decir:

"I'm sorry, could you repeat that?"

"Could you clarify what you mean by that?"

"I want to make sure I understand correctly — are you asking about...?"

Estas frases son completamente profesionales y naturales en cualquier entrevista.

El problema real no es no entender. El problema es pretender que entendiste cuando no fue así, y entonces dar una respuesta completamente fuera de contexto. Eso sí genera una mala impresión. La honestidad profesional, en cambio, es una cualidad que los buenos entrevistadores valoran.

"¿Y si me olvido de una palabra importante?"

El vocabulario que conoces en tu idioma nativo no siempre está disponible cuando lo necesitas en otro idioma, especialmente bajo presión. Es normal que en el momento de la entrevista te bloquees en alguna palabra que pensabas que sabías perfectamente.

La buena noticia es que hay una estrategia muy efectiva para manejar esto: describir lo que quieres decir con otras palabras. En inglés, esto se llama "paraphrasing", y es una habilidad que los buenos comunicadores usan constantemente, incluso en su idioma nativo.

Ejemplo

Si no recuerdas la palabra "spreadsheet", puedes decir:

"...the document in Excel where you organize data in rows and columns..."

Si no recuerdas "negotiate", puedes decir:

"...when you talk with someone to reach an agreement..."

El entrevistador entiende perfectamente. Y además ve que sabes comunicarte incluso cuando el vocabulario exacto no está disponible.

"¿Y si me quedo completamente en blanco?"

El temido "blank". El momento en que tu mente simplemente deja de producir pensamientos coherentes y te quedas mirando al entrevistador sin saber qué decir.

Esto ocurre mucho menos cuando te has preparado específicamente para las preguntas más comunes, porque tu cerebro ya tiene respuestas pre-organizadas disponibles. Pero si llegara a pasar, la estrategia es simple: compra tiempo de manera profesional.

> **Ejemplo**
>
> *Frases para ganar tiempo y ordenar tus ideas:*
>
> *"That's a great question. Let me think for a moment..."*
>
> *"I want to give you a thoughtful answer. Could I take a second?"*
>
> *"Let me organize my thoughts..."*
>
> *Cualquiera de estas frases te da diez o quince segundos para organizar tu respuesta. Eso suele ser suficiente.*

"¿Y si mi acento hace que no me entiendan?"

El acento hispanohablante en inglés es perfectamente comprensible para cualquier hablante nativo o no nativo que tenga experiencia trabajando con personas de otros países. Y en el mundo del trabajo internacional de hoy, prácticamente todos los entrevistadores tienen esa experiencia.

No necesitas eliminar tu acento. Necesitas hablar con claridad. Eso significa articular bien las palabras, no hablar demasiado rápido por los nervios y pronunciar con suficiente nitidez para que tu mensaje sea comprensible.

Un acento no es un obstáculo. Es simplemente la huella de tu historia. Lo que importa es que el mensaje llegue claro. Y con práctica, eso es completamente alcanzable.

"¿Y si cometo muchos errores gramaticales?"

Como ya dijimos antes en este capítulo, los entrevistadores internacionales no están evaluando tu gramática de la misma manera en que lo haría un profesor de inglés. Están evaluando tu capacidad de comunicación.

Dicho esto, hay ciertos errores que conviene evitar no porque sean gramaticalmente incorrectos sino porque pueden hacer que parezcas demasiado informal para un contexto profesional. Vamos a trabajar en esos errores específicos a lo largo del libro para que los conozcas y puedas evitarlos.

Pero un verbo mal conjugado aquí y allá, un artículo que falta o una preposición incorrecta no van a hundir tu entrevista si todo lo demás está bien. La gramática perfecta nunca reemplaza a la preparación sólida.

> **✦ Recuerda**
>
> Recuerda: los entrevistadores de empresas internacionales están acostumbrados a escuchar inglés imperfecto. Lo que los sorprende — y los impresiona — es un candidato que se comunica con claridad, estructura y confianza, aunque su inglés no sea perfecto.

POR QUÉ LA PREPARACIÓN LO CAMBIA TODO

Si hay una sola idea de este capítulo que queremos que te lleves contigo, es esta: una entrevista de trabajo no es una prueba de talento improvisado. Es una habilidad que se practica y se perfecciona.

Pensemos en cómo funciona la preparación en otros contextos. Un abogado que va a presentar un caso ante un juez no improvisa sus argumentos el día del juicio. Los prepara, los practica, los refina. Un atleta que va a competir no llega al evento sin haber entrenado durante semanas o meses. Un músico que va a dar un concierto no sube al escenario sin haber tocado las piezas cientos de veces.

Una entrevista de trabajo funciona exactamente igual. Los candidatos que llegan mejor preparados tienen una ventaja enorme sobre los que improvisan. No porque sean más inteligentes ni más calificados, sino porque han practicado específicamente para ese momento.

Qué significa prepararse para una entrevista en inglés

La preparación para una entrevista en inglés tiene varios componentes, y todos ellos son trabajables:

● **Conocer las preguntas más comunes:** Las entrevistas de trabajo en inglés, especialmente para empresas internacionales y posiciones remotas, siguen patrones muy predecibles. Hay un conjunto de preguntas que aparecen en la mayoría de las entrevistas, y preparar respuestas sólidas para ellas te da una ventaja enorme. No porque vayas a recitarlas de memoria de manera robótica, sino porque ya tienes el contenido organizado en tu mente y solo necesitas expresarlo.

● **Practicar en voz alta:** Hay una diferencia enorme entre saber qué quieres decir y poder decirlo fluidamente en inglés bajo presión. La única manera de cerrar esa brecha es practicar en voz alta, repetidamente. Tu cerebro necesita entrenarse para producir esas frases y estructuras de manera cada vez más automática. La práctica silenciosa o mental no es suficiente. Necesitas escucharte a ti mismo o misma decirlo.

● **Construir un banco de vocabulario profesional:** Hay un conjunto de palabras y expresiones que aparecen con frecuencia en contextos de entrevistas: palabras para describir responsabilidades laborales, para hablar de logros, para expresar fortalezas, para preguntar sobre la empresa, para cerrar la conversación. Conocer ese vocabulario con anticipación significa que no necesitas buscarlo en tiempo real durante la entrevista.

● **Simular entrevistas completas:** La mejor práctica posible es una simulación realista de la entrevista completa. Esto significa responder las preguntas en orden, en tiempo real, como si estuvieras frente al entrevistador real. Al principio puede sentirse incómodo. Con repetición, se convierte en algo familiar. Y lo familiar ya no genera miedo.

● **Preparar preguntas para el entrevistador:** Como mencionamos antes, llegar con buenas preguntas demuestra preparación e interés. Tener esas preguntas listas con anticipación también te quita presión en uno de los momentos más importantes de la entrevista.

Todo esto es exactamente lo que vamos a construir juntos a lo largo de este libro. Paso a paso, capítulo a capítulo, vas a ir desarrollando cada uno de esos componentes hasta tener un nivel de preparación que te dé confianza real.

LOS ERRORES MÁS COMUNES QUE COMETEN LOS HISPANOHABLANTES

Parte de prepararse bien es conocer los errores más frecuentes para poder evitarlos. A continuación te presentamos los más comunes entre hispanohablantes que se enfrentan a entrevistas en inglés. Reconocerlos con anticipación te va a ahorrar momentos incómodos y te va a dar una ventaja sobre candidatos que los cometen sin darse cuenta.

Intentar traducir directamente del español

Este es el error más frecuente y también uno de los más perjudiciales. El inglés y el español tienen estructuras diferentes, ritmos diferentes y maneras distintas de expresar ideas. Cuando intentas traducir literalmente lo que pensarías en español, el resultado suena extraño, confuso o incorrecto en inglés.

Por ejemplo, en español es natural decir "Soy muy trabajador". Si traduces literalmente al inglés como "I am very worker", no tiene sentido. La manera correcta es "I'm a hard worker" o "I work very hard". La idea es la misma, pero la estructura es completamente diferente.

La solución no es estudiar más gramática. Es practicar frases y estructuras completas directamente en inglés, sin pasar por el español. A medida que practicas, tu cerebro comienza a construir un camino directo entre tus ideas y su expresión en inglés, sin necesitar la traducción como paso intermedio.

Hablar demasiado poco o demasiado

Algunos candidatos, por los nervios, dan respuestas demasiado cortas. "¿Cuál es tu mayor fortaleza?" — "Communication." Punto. Eso no le dice nada al entrevistador. Una respuesta completa incluye el nombre de la fortaleza, un ejemplo concreto de cómo se ha manifestado en tu trabajo y el impacto que tuvo.

Por otro lado, algunos candidatos hablan demasiado, especialmente cuando están nerviosos. Siguen añadiendo información que no fue pedida, pierden el hilo de la respuesta original y terminan dejando al entrevistador confundido sobre cuál era el punto principal.

La meta es una respuesta equilibrada: completa, estructurada y enfocada. Ni tan corta que parezca que no tienes nada que decir, ni tan larga que el entrevistador pierda el interés.

Responder sin estructura

Una respuesta sin estructura suena así: "Bueno, en mi trabajo anterior, este, básicamente hacía muchas cosas, como reuniones y también proyectos, y a veces tenía que coordinar con otros equipos, que era interesante, y también aprendí mucho sobre la industria..."

Una respuesta con estructura suena así: "In my previous role, my main responsibility was managing a team of five people across three different projects. One of the key things I learned there was how to prioritize tasks effectively when resources were limited."

La diferencia no es de vocabulario ni de gramática. Es de organización. Una mente organizada produce respuestas organizadas, y eso es lo que los entrevistadores valoran. A lo largo de este libro vas a aprender estructuras concretas para diferentes tipos de preguntas que te van a ayudar exactamente con esto.

Sonar demasiado informal

El inglés informal que usamos para chatear con amigos, ver videos en internet o leer redes sociales es muy diferente del inglés profesional que se espera en una entrevista de trabajo. Usar expresiones demasiado coloquiales, respuestas muy cortas o un tono casual puede dar la impresión de que no entiendes la seriedad del contexto.

Esto no significa que debas sonar rígido o artificial. El tono correcto para una entrevista profesional en inglés es cálido, claro y profesional, como el de un buen profesor que explica algo importante con confianza y claridad. No es ni el inglés de una película de Hollywood ni el de un documento legal. Es un punto intermedio natural y accesible que vamos a practicar a lo largo del libro.

No hacer preguntas al final

Como mencionamos antes, la sección de preguntas del candidato no es opcional. No hacer preguntas, o decir simplemente "No, I think you covered everything, thank you", puede interpretarse como falta de curiosidad, de preparación o de interés real en el puesto.

Llega a cada entrevista con al menos tres o cuatro preguntas preparadas. Si algunas de ellas ya fueron respondidas durante la conversación, tienes otras disponibles. Las mejores preguntas son las que demuestran que investigaste sobre la empresa y que piensas con profundidad sobre tu futuro rol ahí.

LA MENTALIDAD QUE NECESITAS PARA TENER ÉXITO

Hemos hablado mucho sobre estrategias, estructura y preparación práctica. Pero antes de cerrar este capítulo, queremos hablar sobre algo que subyace a todo lo anterior: la mentalidad.

Porque la preparación técnica más completa del mundo no sirve de mucho si llegas a la entrevista convencido o convencida de que vas a fallar, de que tu inglés nunca va a ser suficientemente bueno, de que los otros candidatos son mejores que tú.

· · ·

Las entrevistas son una habilidad, no un talento

Existe una creencia muy extendida de que hay personas que "son buenas" para las entrevistas y personas que no. Que algunas personas nacen con la capacidad de comunicarse bien bajo presión y otras simplemente no.

Eso es un mito. Las entrevistas son una habilidad como cualquier otra. Se puede aprender, practicar y mejorar. Las personas que parecen naturalmente buenas para las entrevistas generalmente han tenido muchas más oportunidades de practicar y de recibir retroalimentación. Su ventaja no es innata. Es experiencia acumulada.

Este libro es tu oportunidad de acumular esa experiencia de manera acelerada y dirigida, sin necesidad de haber pasado por decenas de entrevistas reales para llegar a ese nivel.

El miedo es información, no un obstáculo

El nerviosismo antes de una entrevista no significa que no estás preparado o preparada. Significa que la oportunidad te importa. Eso es completamente humano y, en dosis moderadas, incluso beneficioso: un poco de adrenalina activa tu cerebro y te hace estar más alerta.

El problema no es sentir nervios. El problema es dejar que esos nervios te paralicen. Y la mejor defensa contra la parálisis es exactamente lo que estamos construyendo en este libro: preparación específica, práctica deliberada y conocimiento profundo del territorio que vas a enfrentar.

Cuando llegas a una entrevista habiendo practicado las preguntas más comunes, con respuestas organizadas en mente y con frases concretas listas para usar, los nervios no desaparecen, pero sí se vuelven manejables. Tienes un ancla. Tienes puntos de referencia. Y eso cambia todo.

El objetivo no es ser perfecto. Es ser efectivo.

Queremos que te liberes de la presión de la perfección. No necesitas hablar inglés sin acento. No necesitas conjugar todos los verbos correctamente en todo momento. No necesitas tener la respuesta perfecta para cada pregunta.

Lo que necesitas es poder comunicarte con suficiente claridad y confianza para que el entrevistador pueda ver quién eres como profesional. Para que pueda escuchar tu experiencia, entender tus ideas y imaginar cómo sería trabajar contigo.

Eso es completamente alcanzable con la preparación correcta. Y esa preparación es exactamente lo que este libro está diseñado para darte.

> ◆ **Recuerda**
>
> Cada vez que practiques una respuesta en inglés, aunque sea imperfecta, estás construyendo la versión más preparada de ti mismo o misma. El progreso no necesita ser perfecto para ser

ANTES DE PASAR AL SIGUIENTE CAPÍTULO

En este capítulo hemos establecido los cimientos de todo lo que viene después. Ahora entiendes por qué las empresas hacen entrevistas en inglés, qué está evaluando realmente el entrevistador, cómo se estructura típicamente una entrevista, cuáles son los miedos más comunes y cómo manejarlos, y por qué la preparación marca la diferencia.

También hemos identificado los errores más frecuentes que cometen los hispanohablantes en entrevistas en inglés, y hemos hablado sobre la mentalidad que necesitas para enfrentar este reto con confianza.

Ahora es momento de pasar de la teoría a la práctica.

En el siguiente capítulo, vamos a entrar directamente en el corazón de la preparación: las preguntas más comunes en entrevistas de trabajo en inglés. Vas a descubrir cuáles son las preguntas que aparecen en prácticamente todas las entrevistas, qué busca el entrevistador con cada una de ellas y, lo más importante, cómo construir respuestas sólidas, claras y convincentes que demuestren lo mejor de ti como profesional.

Esa es la base de toda la preparación que sigue. Y ya estás listo o lista para comenzar.

EJERCICIOS DE PRÁCTICA DEL CAPÍTULO 1

Los siguientes ejercicios están diseñados para ayudarte a reflexionar, preparar y practicar lo que aprendiste en este capítulo. No hay respuestas correctas o incorrectas: lo importante es que te tomes el tiempo de pensar con honestidad y de escribir tus propias respuestas. Cuanto más sincero o sincera seas contigo mismo, más útil será este proceso.

● **NOTA: Te recomendamos tener un bolígrafo o lápiz a mano. Y cuando el ejercicio lo pida, practica también en voz alta. Escucharte hablar es parte esencial de la preparación.**

Ejercicio 1 · *Reflexión personal*

Mis miedos frente a una entrevista en inglés

Lee cada pregunta con calma y escribe tu respuesta con honestidad.

No hay respuestas incorrectas. Este ejercicio es solo para ti.

Tomarte unos minutos para identificar tus miedos es el primer paso para superarlos.

Antes de poder prepararte para una entrevista en inglés, es útil saber exactamente qué es lo que más te preocupa. Muchas veces, los miedos se sienten más grandes cuando no los hemos puesto en palabras. Este ejercicio te invita a hacer exactamente eso: nombrarlos.

¿Qué es lo que más te preocupa de tener una entrevista de trabajo en inglés?

¿Ha habido alguna situación en la que sentiste que tu inglés no fue suficiente? ¿Qué ocurrió?

¿Cuál de estos miedos te resulta más familiar? Márcalo con una X y explica por qué.

☐   No entender la pregunta   ☐   Cometer errores gramaticales

☐   Quedarme en blanco   ☐   Hablar con acento muy marcado

☐   Olvidar vocabulario   ☐   No sonar suficientemente profesional

¿Por qué ese miedo en particular es el que más sientes? ¿Cuándo crees que empezó?

. . .

¿Qué crees que necesitarías para sentirte más seguro o segura en ese momento?

> ✦ Nombrar un miedo no lo hace más grande — lo hace más manejable. Ahora que lo has identificado, puedes prepararte específicamente para él.

Ejercicio 2 · *Conciencia del contexto*

La entrevista que quiero tener

> Imagina una entrevista de trabajo real que te gustaría tener en el futuro.
>
> Puede ser un trabajo que ya estás buscando o uno que sueñas con conseguir.
>
> Responde cada pregunta con el mayor detalle posible. Cuanto más concreto seas, más útil será el ejercicio.

⬤ **NOTA: Te recomendamos tener un bolígrafo o lápiz a mano.**

Prepararse para "una entrevista en inglés" en abstracto es mucho más difícil que prepararse para una entrevista específica, en una empresa real, para un puesto concreto. Este ejercicio te ayuda a crear ese contexto, porque cuando tienes claro el escenario, sabes exactamente para qué te estás preparando.

¿En qué empresa o tipo de empresa te gustaría trabajar? (Puede ser una empresa real o un tipo de organización.)

¿Cuál es el puesto o tipo de posición al que te gustaría aplicar?

¿Por qué esa empresa o ese puesto te interesa? ¿Qué oportunidad representa para ti?

¿Cómo crees que sería esa entrevista? ¿Virtual o presencial? ¿Con una persona o con un panel?

¿Qué aspectos de tu experiencia o habilidades serían más relevantes para ese puesto específico?

¿Qué investigarías sobre esa empresa antes de la entrevista?

> ✦ Tener un objetivo concreto transforma la preparación. Ahora tienes un destino claro. Todo lo que aprendas en este libro puedes aplicarlo directamente a ese escenario.

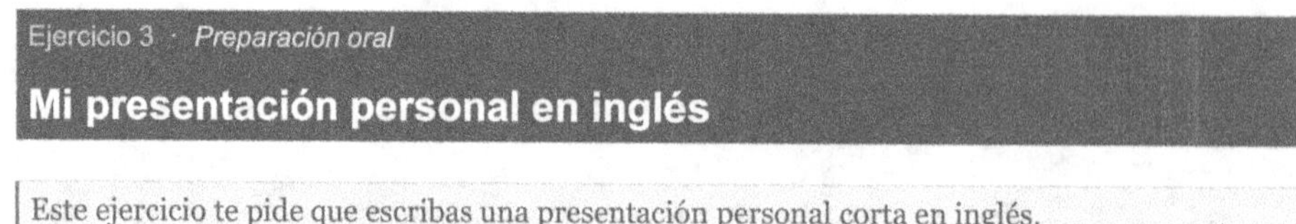

Este ejercicio te pide que escribas una presentación personal corta en inglés.

Después de escribirla, practícala en voz alta al menos tres veces.

No necesita ser perfecta — necesita ser tuya.

NOTA: Te recomendamos tener un bolígrafo o lápiz a mano.

En casi todas las entrevistas de trabajo en inglés, la primera pregunta que escucharás es alguna variación de: "Tell me about yourself." Esta presentación es tu oportunidad de causar una primera impresión poderosa y de guiar la conversación hacia tus fortalezas.

Para ayudarte a construirla, sigue esta estructura de tres partes:

Parte	¿Qué incluir?	Ejemplo
1. El presente	Tu puesto actual o área de trabajo y tu experiencia general.	*"I'm a marketing professional with five years of experience in digital campaigns."*
2. El pasado	Uno o dos logros o experiencias clave que sean relevantes para el puesto.	*"In my last role, I managed a team of three and increased our online reach by 40%."*
3. El futuro	Por qué estás interesado o interesada en este puesto y qué quieres lograr.	*"I'm looking for an opportunity where I can grow in a global environment and contribute to international projects."*

Ahora escribe tu propia presentación personal usando esa estructura. Escríbela en inglés. Si no recuerdas alguna palabra, descríbela con otras palabras o déjala en español por ahora y búscala después.

Mi presentación personal — Parte 1: El presente

Mi presentación personal — Parte 2: El pasado

Mi presentación personal — Parte 3: El futuro

Mi presentación completa (escríbela seguida aquí):

✦ Una vez que la hayas escrito, léela en voz alta. Grábate en tu teléfono si puedes. Escúchate. ¿Suena natural? ¿Fluye bien? Sigue practicando hasta que se sienta cómodo decirla.

Ejercicio 4 · *Comprensión del proceso*

Las etapas de una entrevista

Este ejercicio refuerza lo que aprendiste sobre la estructura de una entrevista en inglés.

En la tabla que sigue encontrarás las ocho etapas de una entrevista típica.

En la columna de la derecha, describe con tus propias palabras qué ocurre en cada etapa y qué debes hacer tú en ese momento.

⬤ **NOTA: Te recomendamos tener un bolígrafo o lápiz a mano.** Conocer la estructura de una entrevista te quita el factor sorpresa. Cuando sabes exactamente qué esperar en cada momento, puedes enfocarte en comunicarte bien en lugar de preocuparte por lo que viene después. Completa la tabla con lo que recuerdas del capítulo.

#	Etapa de la entrevista	¿Qué ocurre aquí?
1	*Apertura y small talk*	*¿Qué ocurre en esta etapa?*
2	*Presentación del entrevistador y la empresa*	*¿Qué ocurre en esta etapa?*
3	*Tu presentación personal*	*¿Qué ocurre en esta etapa?*
4	*Preguntas sobre tu experiencia y habilidades*	*¿Qué ocurre en esta etapa?*
5	*Preguntas de comportamiento (behavioral questions)*	*¿Qué ocurre en esta etapa?*
6	*Preguntas sobre fortalezas y áreas de mejora*	*¿Qué ocurre en esta etapa?*
7	*Tus preguntas para el entrevistador*	*¿Qué ocurre en esta etapa?*
8	*El cierre de la entrevista*	*¿Qué ocurre en esta etapa?*

¿Cuál de estas etapas te parece la más desafiante? ¿Por qué?

¿Cuál de estas etapas crees que estás mejor preparado o preparada para manejar en este momento?

¿Qué harías si el entrevistador se saltara alguna de estas etapas y fuera directamente a una pregunta difícil?

> ✦ No todas las entrevistas siguen exactamente este orden, pero la mayoría incluye todos estos elementos. Conocerlos te da confianza y te permite adaptarte cuando algo ocurre de manera diferente a lo esperado.

Lo que ya tengo para ofrecer

Este ejercicio te ayuda a identificar los recursos que ya tienes como profesional.

Completa cada sección con honestidad y con tanto detalle como puedas.

Al final, tendrás una visión clara de lo que puedes mencionar en tu próxima entrevista.

⬤ **NOTA: Te recomendamos tener un bolígrafo o lápiz a mano.** Muchas personas que sienten inseguridad frente a una entrevista en inglés no es porque les falten habilidades o experiencia. Es porque no han tomado el tiempo de inventariar todo lo que ya tienen para ofrecer. Este ejercicio hace exactamente eso: ayudarte a ver con claridad el valor que llevas contigo.

Parte A: Mis fortalezas profesionales

Escribe en la tabla al menos tres fortalezas en cada columna. Piensa en lo que tus jefes, colegas o clientes han valorado de ti en el pasado.

Habilidades técnicas	Habilidades interpersonales	Cualidades personales

Parte B: Mis experiencias más relevantes

Piensa en los trabajos, proyectos, voluntariados o estudios que tienes en tu historial. Describe brevemente las tres experiencias que consideras más importantes o relevantes para el tipo de trabajo que buscas.

Experiencia 1 — ¿Qué hiciste? ¿Qué lograste?

Experiencia 2 — ¿Qué hiciste? ¿Qué lograste?

Experiencia 3 — ¿Qué hiciste? ¿Qué lograste?

LO QUE PUEDO MENCIONAR EN UNA ENTREVISTA

Ahora une todo lo anterior. Responde las siguientes preguntas pensando específicamente en cómo las responderías en una entrevista en inglés.

Si el entrevistador te preguntara "What is your greatest strength?", ¿qué dirías? Escribe tu respuesta aquí.

Si te preguntaran "Can you describe your most relevant experience?", ¿qué experiencia elegirías y cómo la describirías?

Si te preguntaran "Why are you applying for this position?", ¿qué respondería la versión más preparada de ti?

✦ Todo lo que escribiste en este ejercicio es material real para tu entrevista. Guárdalo, revísalo antes de cada entrevista y úsalo como base para construir tus respuestas. Ya tienes más de lo que crees.

¡Buen trabajo!

Completar estos ejercicios es una señal clara de que te estás tomando en serio tu preparación. Eso ya te diferencia de la mayoría de los candidatos. Guarda tus respuestas en un lugar donde puedas revisarlas a medida que avanzas en el libro. Verás cómo tu confianza y claridad van creciendo capítulo a capítulo.

En el próximo capítulo, vamos a trabajar directamente con las preguntas más comunes en entrevistas de trabajo en inglés. Ya sabes cómo funciona el proceso. Ahora es momento de preparar las respuestas.

CAPÍTULO 2

LAS PREGUNTAS MÁS COMUNES EN ENTREVISTAS DE TRABAJO EN INGLÉS

Una de las grandes ventajas de prepararse para una entrevista de trabajo en inglés es que las preguntas no son un misterio. A diferencia de lo que muchas personas creen, los entrevistadores no tienen un libro secreto de preguntas diseñadas para confundir a los candidatos. En realidad, la gran mayoría de las entrevistas gira alrededor de un conjunto de preguntas que se repiten una y otra vez, en empresas de todo tipo, en sectores muy diferentes y en países de todo el mundo.

Eso es una excelente noticia para ti. Significa que puedes prepararte con anticipación para las preguntas que con mayor probabilidad vas a escuchar. No de manera robótica, repitiendo respuestas de memoria como si fuera un guión, sino de manera estratégica: entendiendo qué busca el entrevistador con cada pregunta, teniendo tus ideas organizadas y siendo capaz de expresarlas con claridad y confianza.

En este capítulo vamos a explorar las veinte preguntas más comunes en entrevistas de trabajo en inglés. Para cada una, vas a ver la pregunta en inglés y en español, una explicación de qué quiere saber el entrevistador con esa pregunta, un ejemplo de respuesta efectiva y una explicación de por qué esa respuesta funciona. Al final del capítulo, también vamos a hablar sobre los errores más frecuentes que cometen los candidatos al responder, y sobre cómo la preparación cambia completamente el resultado.

¿POR QUÉ LOS ENTREVISTADORES HACEN SIEMPRE LAS MISMAS PREGUNTAS?

Antes de entrar directamente a las preguntas, es útil entender por qué los entrevistadores las hacen. Esto te va a ayudar a responder no solo con las palabras correctas, sino con la estrategia correcta.

Los entrevistadores tienen un objetivo muy claro: conocerte lo suficiente como para decidir si eres la persona adecuada para el puesto. En el tiempo limitado de una entrevista, necesitan construir una imagen mental de quién eres como profesional: cómo trabajas, cómo te relacionas con otros, cómo enfrentas los problemas, qué te motiva, cómo encajarías en el equipo.

Las preguntas más comunes están diseñadas precisamente para revelar esa información. Cada pregunta tiene un propósito específico, y cuando entiendes ese propósito, sabes exactamente qué información tienes que dar en tu respuesta.

Lo que el entrevistador evalúa con cada pregunta

Detrás de cada pregunta en una entrevista, el reclutador está evaluando al menos uno de estos cinco elementos:

Tu capacidad de comunicación. ¿Puedes expresar tus ideas con claridad? ¿Tu respuesta es coherente y fácil de seguir? ¿Puedes adaptar tu lenguaje al contexto profesional?

Tu personalidad y actitud. ¿Eres alguien con quien sería agradable trabajar? ¿Tienes la actitud correcta para el tipo de trabajo que se requiere? ¿Demuestras entusiasmo y profesionalismo?

Tu capacidad para resolver problemas. ¿Cómo enfrentas los desafíos? ¿Puedes pensar con claridad bajo presión? ¿Tienes experiencia manejando situaciones difíciles?

Tu capacidad para trabajar en equipo. ¿Sabes colaborar con otros? ¿Puedes manejar conflictos de manera madura? ¿Eres alguien que suma al equipo?

Tu fit con la empresa y el puesto. ¿Tus valores y objetivos están alineados con los de la empresa? ¿Tienes el tipo de experiencia que necesitan? ¿Hay algo en tu historial que sugiera que vas a quedarte y crecer ahí?

Con eso en mente, vamos a entrar directamente a las preguntas. Recuerda: no estás memorizando respuestas. Estás entendiendo la lógica detrás de cada pregunta para poder responder de manera auténtica y estratégica.

> ✦ Antes de leer cada ejemplo de respuesta, intenta pensar en tu propia respuesta. Después compara. Eso ejercita exactamente la habilidad que necesitas para la entrevista real.

LAS 20 PREGUNTAS MÁS COMUNES

#1	Tell me about yourself.
	Háblame de ti.

¿Qué busca?	El entrevistador quiere escuchar un resumen profesional conciso. No busca tu historia de vida, sino una introducción clara de quién eres como profesional, qué experiencia tienes y por qué estás en esa entrevista. Es la oportunidad perfecta para establecer el tono de toda la conversación.
Respuesta ejemplo	*"I'm a marketing professional with six years of experience in digital campaigns and content strategy. In my last role, I led a team of four people and managed campaigns for clients in three different countries. I'm now looking for an opportunity to grow in an international environment where I can contribute to global projects."*
¿Por qué funciona?	Sigue la estructura presente-pasado-futuro: dice quién es hoy, menciona un logro concreto del pasado y explica hacia dónde quiere ir. Es breve, relevante y profesional.

#2	Why are you interested in this position?
	¿Por qué te interesa este puesto?

¿Qué busca?	El entrevistador quiere saber si investigaste sobre la empresa y si tu motivación es genuina. Quiere confirmar que no estás aplicando a cualquier trabajo disponible, sino que este puesto específico te interesa por razones concretas. También evalúa si entiendes qué implica el rol.
Respuesta ejemplo	*"I'm very interested in this position because it combines two areas I'm passionate about: technology and customer experience. I've been following your company's growth for the past year and I admire the way you've developed your product around user feedback. I believe my background in UX research would be a strong fit for this team."*
¿Por qué funciona?	Menciona aspectos específicos de la empresa y conecta su propia experiencia con lo que el puesto requiere. No es una respuesta genérica, y eso demuestra preparación real.

#3 What are your greatest strengths?

¿Cuáles son tus principales fortalezas?

¿Qué busca?

El entrevistador quiere conocer cuáles son tus capacidades más desarrolladas y cómo se relacionan con el puesto. No busca una lista de adjetivos positivos. Busca fortalezas reales, respaldadas por ejemplos concretos de cómo se han manifestado en tu trabajo.

Respuesta ejemplo

"One of my greatest strengths is my ability to organize and prioritize tasks, especially in fast-paced environments. In my previous job, I was responsible for managing multiple client accounts simultaneously. I developed a tracking system that helped my team reduce missed deadlines by 30%. I'm also a strong communicator, which helps me keep stakeholders informed and aligned."

¿Por qué funciona?

Nombra una fortaleza, la respalda con un ejemplo específico y cuantifica el resultado. Menciona una segunda fortaleza de manera natural. Eso hace que la respuesta sea creíble y memorable.

#4 What is your greatest weakness?

¿Cuál es tu mayor debilidad?

¿Qué busca?

Esta pregunta evalúa tu autoconocimiento y tu honestidad. El entrevistador no espera que digas que eres perfecto. Espera que puedas identificar un área genuina de mejora y, más importante, que demuestres que eres consciente de ella y que estás trabajando activamente para mejorar.

Respuesta ejemplo

"I've realized that I sometimes take on too many responsibilities at once because I find it hard to say no when a colleague asks for help. This has occasionally affected my own deadlines. I'm working on this by being more intentional about setting boundaries and using a weekly planning system to balance my workload more effectively."

¿Por qué funciona?

Menciona una debilidad real y humana, no una falsa fortaleza disfrazada de debilidad. Explica qué está haciendo para mejorarla. Eso demuestra madurez y responsabilidad personal.

#5 Why did you leave your last job?

¿Por qué dejaste tu último trabajo?

¿Qué busca?

El entrevistador quiere entender tus motivaciones y verificar que no hay señales de alerta: conflictos graves, despidos por mal desempeño o actitudes negativas hacia empleadores anteriores. Busca una respuesta honesta pero profesional, que demuestre madurez y enfoque en el crecimiento.

Respuesta ejemplo

"I genuinely enjoyed my time there and learned a great deal. However, after three years, I felt I had reached the ceiling of what I could learn in that role. I'm looking for an environment where I can take on more responsibility and continue growing professionally. This position feels like the right next step."

¿Por qué funciona?

No critica a la empresa anterior ni a las personas que trabajaban ahí. Presenta la decisión como un movimiento natural hacia el crecimiento. Es positiva, profesional y creíble.

<table>
<tr><td>#6</td><td>Where do you see yourself in five years?
¿Dónde te ves en cinco años?</td></tr>
</table>

¿Qué busca?	El entrevistador quiere saber si tienes ambición y dirección profesional, pero también si eres realista. Quiere confirmar que tus planes de crecimiento a largo plazo están razonablemente alineados con lo que la empresa puede ofrecer. No busca una respuesta perfectamente calculada, sino una visión genuina.
Respuesta ejemplo	*"In five years, I see myself in a leadership role, managing a team and contributing to strategic decisions. I'd love to deepen my expertise in data analysis and apply it at a larger scale. I'm also excited about the possibility of working across international markets, which is why this company's global presence is particularly appealing to me."*
¿Por qué funciona?	Muestra ambición sin sonar arrogante, conecta sus objetivos con lo que la empresa ofrece y demuestra que piensa a largo plazo. Es una respuesta específica sin ser rígida.

<table>
<tr><td>#7</td><td>Why should we hire you?
¿Por qué deberíamos contratarte?</td></tr>
</table>

¿Qué busca?	Esta es tu oportunidad de hacer un argumento directo y convincente sobre por qué eres el candidato ideal. El entrevistador quiere ver confianza, claridad y la capacidad de articular tu valor de manera concisa. No es el momento para ser excesivamente humilde ni para exagerar.
Respuesta ejemplo	*"I believe I bring a combination of technical skill and practical experience that would directly benefit your team. I have five years of experience in project management, I'm comfortable working in fast-paced environments, and I have a track record of delivering results on time and within budget. Beyond the technical side, I'm someone who communicates clearly and works well across teams, which I know is important in this role."*
¿Por qué funciona?	Resume sus puntos fuertes de manera directa y conectada con las necesidades del puesto. Muestra confianza sin arrogancia. No pide el trabajo; demuestra por qué lo merece.

<table>
<tr><td>#8</td><td>Tell me about a challenge you faced at work and how you handled it.
Cuéntame sobre un desafío que enfrentaste en el trabajo y cómo lo manejaste.</td></tr>
</table>

¿Qué busca?	Esta es una pregunta de comportamiento clásica. El entrevistador quiere ver evidencia real de tu capacidad para enfrentar problemas. No busca que todo saliera perfecto: busca ver cómo piensas, cómo actúas bajo presión y qué aprendiste de la experiencia.
Respuesta ejemplo	*"In my previous role, we lost a key team member right before a major product launch. I had to quickly redistribute responsibilities, bring a freelance contractor up to speed and adjust our timeline without compromising quality. I set up daily check-ins with the team to catch issues early and kept stakeholders informed throughout the process. We launched two days late, but within the revised scope and without any major issues. I learned a lot about contingency planning from that experience."*
¿Por qué funciona?	Describe una situación real, explica las acciones concretas que tomó, menciona el resultado y extrae un aprendizaje. Esa estructura hace que la respuesta sea clara, creíble y completa.

#9	How do you handle pressure or stressful situations?
	¿Cómo manejas la presión o las situaciones estresantes?

¿Qué busca?	El entrevistador quiere saber si puedes funcionar de manera efectiva cuando el trabajo se pone difícil. Busca señales de estabilidad emocional, capacidad de organización y estrategias concretas para manejar el estrés. Una respuesta vaga como "soy muy resistente" no es suficiente.
Respuesta ejemplo	*"I think pressure is part of any meaningful work, so I've learned to manage it rather than avoid it. My approach is to break down large problems into smaller steps and tackle them in order of priority. I also make sure to communicate early if I see that a deadline might be at risk, so there's time to adjust. In high-pressure situations, I focus on what I can control and try not to waste energy on things I can't."*
¿Por qué funciona?	Describe un enfoque práctico y maduro. No dice que nunca siente estrés, sino que lo gestiona de manera efectiva. Da una estrategia concreta y demuestra autoconocimiento.

#10	Describe a time you had a conflict with a colleague.
	Describe una situación en la que tuviste un conflicto con un colega.

¿Qué busca?	Esta pregunta evalúa tu inteligencia emocional y tu capacidad para manejar situaciones interpersonales difíciles. El entrevistador quiere ver madurez, habilidades de comunicación y la capacidad de resolver conflictos de manera profesional. Evita hablar mal de la otra persona.
Respuesta ejemplo	*"At one point, a colleague and I had different ideas about how to approach a client presentation. Instead of letting it become a problem, I suggested we meet one-on-one to understand each other's perspectives. We realized we actually agreed on the goal but had different ideas about execution. We combined elements from both approaches and the client responded very positively. That experience taught me the value of having direct but respectful conversations early."*
¿Por qué funciona?	Describe el conflicto sin atacar a la otra persona, explica cómo tomó la iniciativa para resolverlo y comparte el resultado positivo. Demuestra madurez emocional y habilidades reales de comunicación.

#11	What do you know about our company?
	¿Qué sabes sobre nuestra empresa?

¿Qué busca?	Esta pregunta evalúa directamente si hiciste tu tarea antes de la entrevista. El entrevistador quiere ver que te tomaste el tiempo de investigar sobre la organización, que entiendes lo que hace y que puedes conectar ese conocimiento con tu propio perfil.

Respuesta ejemplo	*"From what I've researched, your company has been growing steadily in the Latin American market over the past three years, particularly in the fintech space. I was impressed by the recent launch of your mobile platform — the way you've simplified the onboarding process shows a strong focus on user experience, which aligns with my background. I also read your founder's recent interview about building remote-first teams, and that resonated strongly with me."*
¿Por qué funciona?	Demuestra investigación real con detalles concretos, conecta lo que encontró con sus propios intereses y experiencia. No es genérica ni podría aplicar a cualquier empresa.

#12 How do you work in a team?

¿Cómo trabajas en equipo?

¿Qué busca?	El entrevistador quiere entender tu estilo de colaboración y si puedes trabajar bien con otros. Busca evidencia de que sabes escuchar, comunicarte, resolver diferencias y contribuir de manera activa al equipo. Evita respuestas demasiado generales como "me encanta trabajar en equipo".
Respuesta ejemplo	*"I genuinely enjoy working with others and I think I contribute best in a team when I take initiative but also actively listen to everyone's input. In my last team, I often took the role of coordinator during projects — keeping track of who was responsible for what and making sure communication was clear. I also try to acknowledge my teammates' contributions publicly, which I think helps keep morale high."*
¿Por qué funciona?	Da detalles específicos sobre su estilo de trabajo en equipo con un ejemplo de comportamiento concreto. Menciona algo sobre cómo apoya a los demás, lo cual demuestra orientación a las personas.

#13 What motivates you at work?

¿Qué te motiva en el trabajo?

¿Qué busca?	El entrevistador quiere entender qué te impulsa profesionalmente y si el entorno que ofrece la empresa puede darte lo que buscas. Busca autenticidad: una respuesta que suene estudiada o demasiado perfecta puede generar desconfianza. Tu motivación real es lo que quiere escuchar.
Respuesta ejemplo	*"I'm most motivated when I can see the direct impact of my work. Whether it's a campaign that drives real results or a process I improved that makes my team's work easier, that sense of tangible contribution keeps me engaged. I also find purpose in learning — I like working in environments where I'm consistently challenged and where there's always something new to figure out."*
¿Por qué funciona?	Describe motivaciones genuinas y específicas, no genéricas. Conecta esas motivaciones con el tipo de trabajo que el puesto ofrece. Suena auténtica y reflexiva.

#14 — Tell me about a time you showed leadership.

Cuéntame sobre una vez que demostraste liderazgo.

¿Qué busca?

El liderazgo no siempre significa tener un título de manager. El entrevistador quiere ver que puedes tomar la iniciativa, guiar a otros hacia un objetivo y asumir responsabilidad. Esta pregunta funciona para candidatos de todos los niveles de experiencia.

Respuesta ejemplo

"In a previous project, our team lead was on sick leave for two weeks right before a deadline. No one formally assigned me as leader, but I stepped in to organize daily meetings, divide tasks and communicate progress to the client. I made sure everyone felt supported and that the work kept moving. We delivered the project on time and the client was very happy. When our team lead returned, she thanked me for keeping everything on track."

¿Por qué funciona?

Describe una situación de liderazgo real que no requirió un título formal. Muestra iniciativa, organización y orientación a los resultados. El detalle de la reacción de la jefa al regresar añade credibilidad.

#15 — How do you handle feedback or criticism?

¿Cómo manejas la retroalimentación o la crítica?

¿Qué busca?

Esta pregunta evalúa tu madurez profesional y tu disposición a crecer. El entrevistador quiere ver que puedes recibir crítica sin ponerte a la defensiva y que usas esa información para mejorar. Una respuesta que suene a que nunca has tenido problemas con la retroalimentación puede sonar poco creíble.

Respuesta ejemplo

"I genuinely welcome feedback because I know it's one of the fastest ways to improve. Early in my career, I received feedback that my written reports were too technical for non-specialist audiences. At first it was hard to hear, but I realized the person giving the feedback was right. I took a writing course and started asking colleagues to review my work before submitting it. My writing improved a lot as a result."

¿Por qué funciona?

Admite que la crítica puede ser difícil de recibir, lo cual es humano y honesto. Pero demuestra que la usó de manera constructiva y tomó acción real. Eso es exactamente lo que un entrevistador quiere ver.

#16 — What are your salary expectations?

¿Cuáles son tus expectativas salariales?

¿Qué busca?

El entrevistador quiere entender si tu expectativa salarial está dentro del rango del puesto y si sabes comunicarte de manera profesional sobre dinero. Esta pregunta requiere investigación previa sobre el mercado laboral del sector y la región. Evita dar un número sin contexto.

Respuesta ejemplo

"Based on my research of the market and the scope of this role, I'm looking for a range between X and Y. That said, I'm open to discussing the full compensation package, including benefits and growth opportunities, because I'm more interested in finding the right long-term fit than in the exact number."

¿Por qué funciona?

Da un rango con contexto, demuestra que investigó el mercado y señala apertura a negociar. Redirige la conversación hacia el encaje a largo plazo, lo cual suena maduro y estratégico.

#17	**Do you prefer working independently or in a team?**
	¿Prefieres trabajar de forma independiente o en equipo?

¿Qué busca?	Esta pregunta evalúa tu estilo de trabajo y qué tan bien encajarías con la cultura del equipo. No hay una respuesta universalmente correcta: depende del puesto. Lo mejor es dar una respuesta honesta que muestre flexibilidad y
Respuesta ejemplo	*"I'm comfortable with both, and I think the most effective professionals need to be. I enjoy the focus and efficiency of working independently on tasks that require deep thinking. At the same time, I find that collaboration brings out better solutions when the problem is complex or involves multiple perspectives. In my experience, the best results come from a mix of both."*
¿Por qué funciona?	No elige un extremo ni da una respuesta evasiva. Explica el valor de ambos estilos con madurez y menciona cuándo cada uno es más efectivo. Muestra flexibilidad real.

#18	**Tell me about a time you failed.**
	Cuéntame sobre una vez que fallaste.

¿Qué busca?	Esta pregunta evalúa honestidad, capacidad de autorreflexión y resiliencia. El entrevistador no espera que seas perfecto: espera que puedas hablar de un fracaso real con madurez, sin dramatizarlo ni minimizarlo, y que demuestres qué aprendiste de él.
Respuesta ejemplo	*"A few years ago, I launched a social media campaign without doing enough research on the target audience. The engagement numbers were poor and we missed our conversion goal by a significant margin. I took full responsibility and led a post-mortem with the team to understand what went wrong. We identified that we had assumed too much about the audience's preferences instead of testing first. After that, I made audience research a required step before any campaign launch."*
¿Por qué funciona?	Habla de un fracaso real sin minimizarlo. Asume responsabilidad personal, describe las acciones que tomó para entenderlo y explica el cambio concreto que hizo a partir de esa experiencia. Eso es exactamente lo que genera confianza.

#19	**How do you prioritize your work when you have multiple deadlines?**
	¿Cómo priorizas tu trabajo cuando tienes múltiples plazos?

¿Qué busca?	El entrevistador quiere ver que tienes un sistema para manejar tu tiempo y que no entras en pánico cuando el trabajo se acumula. Busca evidencia de organización, pensamiento estratégico y capacidad de adaptación cuando las prioridades cambian.
Respuesta ejemplo	*"My approach is to start by identifying which tasks have the highest impact and the most urgent deadlines. I use a simple prioritization matrix to separate what's urgent from what's important. Once I have clarity, I block time in my calendar for deep work on high-priority tasks and protect that time from interruptions. I also communicate proactively with stakeholders if I see a conflict developing, so we can address it before it becomes a problem."*
¿Por qué funciona?	Describe un sistema concreto con terminología profesional, menciona cómo protege el tiempo de trabajo y señala la importancia de la comunicación proactiva. Suena organizado y confiable.

#20	Do you have any questions for us?
	¿Tienes alguna pregunta para nosotros?
¿Qué busca?	Aunque parece el final de la entrevista, esta es una de las preguntas más importantes. El entrevistador evalúa tu nivel de preparación, tu curiosidad genuina y tu interés real en el puesto. Llegar sin preguntas puede interpretarse como falta de interés o de pensamiento crítico.
Respuesta ejemplo	*"Yes, I do. I'd love to understand what success looks like in this role in the first six months. I'm also curious about how the team collaborates day to day — are there regular team meetings or is communication mostly asynchronous? And lastly, what are the biggest challenges the team is currently facing?"*
¿Por qué funciona?	Hace tres preguntas inteligentes que muestran orientación a resultados, interés en la dinámica del equipo y capacidad de pensar en términos de desafíos reales. Ninguna pregunta es genérica ni podría hacerse en cualquier entrevista.

POR QUÉ LAS PREGUNTAS DE COMPORTAMIENTO SON DIFERENTES

Si prestaste atención a las preguntas anteriores, habrás notado que varias de ellas empiezan con frases como "Tell me about a time when..." o "Describe a situation where...". A este tipo de preguntas se les llama preguntas de comportamiento, o en inglés, "behavioral interview questions", y merecen una explicación especial porque son muy comunes en entrevistas para empresas internacionales y son las que más confunden a los candidatos que no las conocen.

La lógica detrás de estas preguntas es simple: los reclutadores creen que la mejor manera de predecir cómo te vas a comportar en el futuro es entender cómo te has comportado en el pasado. En lugar de preguntarte qué harías en una situación hipotética, te preguntan qué hiciste en una situación real. Eso les da información mucho más concreta y difícil de fabricar.

La diferencia entre una pregunta hipotética y una de comportamiento

Una pregunta hipotética suena así: "¿Qué harías si tuvieras un conflicto con un colega?" Una pregunta de comportamiento suena así: "Cuéntame sobre una vez que tuviste un conflicto con un colega."

La diferencia parece pequeña, pero cambia completamente el tipo de respuesta que debes dar. Para la pregunta hipotética puedes hablar de intenciones. Para la de comportamiento necesitas una historia real.

Por eso es tan importante tener preparadas varias historias de tu experiencia profesional antes de entrar a una entrevista: situaciones en las que demostraste liderazgo, en las que superaste un reto, en las que manejaste un conflicto, en las que cometiste un error y aprendiste de él. Esas historias son el material con el que respondes las preguntas de comportamiento.

¿Qué evalúan específicamente estas preguntas?

Cuando un entrevistador hace una pregunta de comportamiento, generalmente está buscando evidencia de una o varias de estas competencias:

Resolución de problemas. ¿Cómo analizas una situación difícil? ¿Tomas decisiones con información incompleta? ¿Buscas soluciones creativas?

Trabajo en equipo. ¿Colaboras de manera efectiva? ¿Sabes dar y recibir apoyo? ¿Puedes manejar diferencias de opinión sin que se convierta en un conflicto?

Comunicación. ¿Puedes expresar tus ideas con claridad? ¿Escuchas activamente? ¿Adaptas tu comunicación según el contexto y la audiencia?

Iniciativa y liderazgo. ¿Tomas acción sin necesitar que te digan qué hacer? ¿Puedes guiar a otros incluso sin tener un título formal de liderazgo?

Adaptabilidad. ¿Puedes funcionar bien cuando las condiciones cambian? ¿Aprendes rápido? ¿Te recuperas bien de los contratiempos?

> ✦ Para cada pregunta de comportamiento, necesitas una historia. Empieza a construir tu banco de historias desde ahora: situaciones reales de tu trabajo que demuestren estas competencias. Mientras más específica sea la historia, más creíble y convincente será tu respuesta.

LOS ERRORES MÁS COMUNES AL RESPONDER PREGUNTAS EN INGLÉS

Conocer las preguntas es el primer paso. Pero hay algunos errores muy frecuentes que pueden sabotear incluso al candidato mejor preparado. Conocerlos con anticipación te permite evitarlos.

Responder con demasiado poco

Este es el error más frecuente entre candidatos nerviosos. La pregunta se hace, el candidato da una respuesta de una o dos frases y se detiene. El silencio que sigue es incómodo para todos.

Las respuestas demasiado cortas no le dan al entrevistador suficiente información para evaluarte. Además, pueden dar la impresión de que tienes poco que decir, que no te preparaste o que no tienes confianza en tus propias experiencias.

La regla general: una buena respuesta a una pregunta de entrevista tiene entre uno y tres minutos. No tan corta que parezca que no tienes nada que contar, no tan larga que pierdas la atención del entrevistador.

Responder sin ejemplos concretos

Hay una diferencia enorme entre decir "Soy muy organizado" y dar un ejemplo específico de cómo esa organización resultó en un logro concreto en el trabajo. Los entrevistadores han escuchado miles de veces que alguien es "organizado", "proactivo" o "buen comunicador". Lo que los hace detenerse y tomar nota es cuando un candidato lo demuestra con una historia real.

Cada vez que hagas una afirmación sobre ti mismo, pregúntate: ¿puedo respaldarlo con un ejemplo? Si la respuesta es sí, dalo. Eso convierte una afirmación genérica en evidencia.

Hablar sin estructura

Una respuesta sin estructura suena como un flujo de conciencia: el candidato empieza a hablar, salta de un tema a otro, añade información que no fue pedida y termina en un lugar completamente diferente al que empezó. El entrevistador no sabe cuál fue el punto principal.

Una respuesta con estructura tiene un punto de partida claro, un desarrollo lógico y una conclusión. Más adelante en este libro vamos a enseñarte un método muy práctico para estructurar respuestas, especialmente para preguntas de comportamiento. Ese método va a cambiar completamente la claridad de tus respuestas.

Sonar demasiado informal o inseguro

El tono de una entrevista profesional en inglés es cálido pero formal. No es el inglés de las redes sociales ni el de una conversación casual con amigos. Usar expresiones demasiado coloquiales, responder con monosílabos o hablar con un tono de disculpa constante puede dar la impresión de que no estás preparado para el entorno profesional que el puesto requiere.

Esto no significa que debas sonar rígido o ensayado. Significa que debes hablar con confianza, claridad y el nivel de formalidad que corresponde al contexto. Eso también se practica, y a lo largo de este libro vas a tener muchas oportunidades de hacerlo.

No preparar preguntas para el entrevistador

Como vimos en la pregunta número veinte, llegar a la entrevista sin preguntas propias es uno de los errores que más fácilmente se evitan. Prepara al menos cuatro o cinco preguntas antes de cada entrevista. Si algunas de ellas se responden durante la conversación, tendrás otras disponibles.

Las mejores preguntas son las que demuestran que investigaste sobre la empresa, que piensas en términos de resultados y que ya te estás imaginando en ese rol. Eso deja una impresión poderosa en los últimos momentos de la entrevista, que son los que el entrevistador tiende a recordar más.

> ✦ Después de leer este capítulo, elige las cinco preguntas que más te preocupan y practica respondiendo cada una en voz alta. No leas la respuesta de ejemplo: usa tus propias palabras y tu propia experiencia. Eso es exactamente lo que harás en la entrevista real.

CÓMO LOS EJEMPLOS DE AUDIO PUEDEN ACELERAR TU PREPARACIÓN

Leer respuestas de ejemplo es útil. Escucharlas es todavía más útil. Y decirlas en voz alta es lo más útil de todo.

Este libro está acompañado de materiales de audio que incluyen las preguntas más comunes pronunciadas por hablantes nativos de inglés, ejemplos de respuestas completas, simulaciones de entrevistas cortas y guías de pronunciación para el vocabulario profesional más importante.

Te recomendamos escuchar cada audio más de una vez. La primera vez, escucha para entender el contenido. La segunda vez, presta atención al ritmo, la entonación y el vocabulario. La tercera vez, pausa después de cada frase y repítela en voz alta. Ese proceso de escuchar y repetir es una de las maneras más efectivas de internalizar el inglés profesional que necesitas para una entrevista.

No te preocupes si al principio suena raro escucharte hablar en inglés. Esa sensación desaparece con la práctica. Lo que no desaparece es el progreso que construyes cada vez que practicas.

EL PRÓXIMO PASO: APRENDER A ESTRUCTURAR TUS RESPUESTAS

En este capítulo conociste las veinte preguntas más comunes en entrevistas de trabajo en inglés. Aprendiste qué busca el entrevistador con cada una, viste ejemplos de respuestas efectivas y entendiste los errores que conviene evitar.

Pero hay algo que todas las respuestas efectivas tienen en común, algo que quizás ya notaste mientras leías los ejemplos: siguen una estructura. No una estructura rígida ni artificial, sino una manera lógica y clara de organizar las ideas para que el mensaje llegue con fuerza.

En el siguiente capítulo vamos a enseñarte exactamente esa estructura. Se llama el método STAR, y es la herramienta más poderosa que puedes tener para responder preguntas de comportamiento en una entrevista en inglés. Es simple, efectiva y completamente adaptable a tu propia experiencia.

Una vez que domines ese método, vas a ver una transformación clara en cómo suenas cuando hablas de tu trabajo. Tus respuestas van a tener un principio, un desarrollo y una conclusión que el entrevistador puede seguir con facilidad. Y eso, más que cualquier otra cosa, es lo que separa a los candidatos memorables de los que se olvidan al día siguiente.

EJERCICIOS DE PRÁCTICA DEL CAPÍTULO 2

Ahora que conoces las preguntas más comunes en entrevistas de trabajo en inglés, es momento de pasar a la práctica activa. Leer es el primer paso, pero la preparación real ocurre cuando escribes tus propias respuestas y las dices en voz alta. Estos cinco ejercicios están diseñados para llevarte de la comprensión a la acción.

Tómate el tiempo que necesites para completar cada ejercicio con calma. No busques respuestas perfectas: busca respuestas tuyas, auténticas y bien organizadas. Eso es exactamente lo que necesitas en una entrevista real.

Ejercicio 1 · *Comprensión de preguntas*

¿Qué me están preguntando realmente?

Lee cada pregunta en inglés con atención.

En el primer espacio, escribe con tus propias palabras qué significa la pregunta en español.

En el segundo espacio, escribe qué crees que quiere saber el entrevistador con ella.

No busques la respuesta perfecta — escribe lo que tú entiendes.

⬤ **NOTA: Te recomendamos tener un bolígrafo o lápiz a mano.** Uno de los momentos más difíciles en una entrevista es escuchar una pregunta en inglés y no saber exactamente qué se te está pidiendo. Este ejercicio entrena esa habilidad fundamental: leer o escuchar una pregunta y descifrar rápidamente su propósito antes de responder. Cuando termines, vuelve al Capítulo 2 y compara tus interpretaciones con las explicaciones de cada pregunta.

1   What motivates you at work?

¿Qué crees que significa esta pregunta en español?

¿Qué quiere saber el entrevistador con esta pregunta?

2   How do you handle feedback or criticism?

¿Qué crees que significa esta pregunta en español?

¿Qué quiere saber el entrevistador con esta pregunta?

. . .

3   **Tell me about a time you showed leadership.**

¿Qué crees que significa esta pregunta en español?

¿Qué quiere saber el entrevistador con esta pregunta?

4   **Where do you see yourself in five years?**

¿Qué crees que significa esta pregunta en español?

¿Qué quiere saber el entrevistador con esta pregunta?

5   **Why should we hire you?**

¿Qué crees que significa esta pregunta en español?

¿Qué quiere saber el entrevistador con esta pregunta?

✦ Cuando termines, compara tus interpretaciones con las explicaciones del Capítulo 2. ¿Coincidieron? ¿Hay alguna pregunta que entendiste de manera muy diferente? Eso te dice exactamente en qué necesitas profundizar más.

Ejercicio 2 · *Tu primera respuesta en inglés*

Prepara tu presentación personal

Lee la guía de estructura que aparece a continuación.

Escribe cada parte de tu presentación por separado en los espacios indicados.

Después únelas y escribe tu presentación completa.

Practica leyéndola en voz alta hasta que fluya de manera natural.

● **NOTA: Te recomendamos tener un bolígrafo o lápiz a mano.** La pregunta "Tell me about yourself" aparece en prácticamente todas las entrevistas de trabajo en inglés. Es tu primera oportunidad de causar una buena impresión y de guiar la conversación hacia tus puntos más fuertes. Por eso merece ser la respuesta que más practiques.

Usa la siguiente estructura de tres partes para construirla:

Parte	¿Qué incluir?	Pregúntate esto
El presente	Tu cargo o área de trabajo actual y tu experiencia general.	*¿Qué haces hoy? ¿Cuántos años llevas en este campo?*
El pasado	Un logro o experiencia clave relevante para el puesto al que aplicas.	*¿De qué logro profesional estás más orgulloso o orgullosa?*
El futuro	Por qué te interesa este puesto y qué esperas lograr en esta etapa.	*¿Por qué estás en esta entrevista? ¿Qué buscas ahora?*

PARTE 1: El presente: ¿Quién soy hoy como profesional?

PARTE 2: El pasado: ¿Cuál es mi experiencia o logro más relevante?

PARTE 3: El futuro: ¿Por qué estoy en esta entrevista?

Mi presentación personal completa: Tell me about yourself":

Practica en voz alta: Lee tu presentación completa en voz alta tres veces seguidas: la primera despacio, la segunda a ritmo normal, la tercera sin mirar el papel. Si puedes grabarte en tu teléfono, hazlo: escucharte es una de las herramientas más efectivas para mejorar.

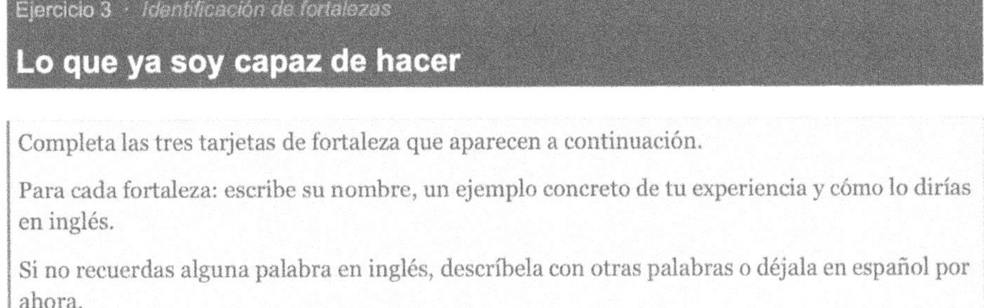

Completa las tres tarjetas de fortaleza que aparecen a continuación.

Para cada fortaleza: escribe su nombre, un ejemplo concreto de tu experiencia y cómo lo dirías en inglés.

Si no recuerdas alguna palabra en inglés, descríbela con otras palabras o déjala en español por ahora.

El objetivo no es la perfección — es la claridad y la especificidad.

Hablar de tus fortalezas en una entrevista no es presumir: es darle al entrevistador la información que necesita para evaluar si eres la persona adecuada para el puesto. Pero las fortalezas sin ejemplos son solo palabras. Lo que hace que una respuesta sobre fortalezas sea convincente y memorable es el ejemplo concreto que la respalda.

1 Mi fortaleza:

Ejemplo concreto de mi trabajo:

¿Cómo lo dirías en inglés? (intenta escribirlo):

2 Mi fortaleza:

Ejemplo concreto de mi trabajo:

¿Cómo lo dirías en inglés? (intenta escribirlo):

3 Mi fortaleza:

Ejemplo concreto de mi trabajo:

¿Cómo lo dirías en inglés? (intenta escribirlo):

Ahora escribe una respuesta completa a la pregunta "What are your greatest strengths?" usando las tres fortalezas anteriores:

Practica en voz alta: Practica tu respuesta en voz alta. Recuerda la estructura: nombra la fortaleza, da el ejemplo y menciona el resultado o impacto. Esa secuencia es la que hace que tu respuesta suene profesional y creíble.

Ejercicio 4 · *Práctica de respuestas*

Tres preguntas, tres respuestas

Lee cada pregunta en inglés y escribe tu respuesta en el espacio indicado.

Escribe en inglés. Si olvidas una palabra, descríbela o déjala en español y búscala después.

Cada respuesta debe tener entre 3 y 6 oraciones: suficiente para ser completa, no tanto para perder el hilo.

Al terminar, lee cada respuesta en voz alta.

Este ejercicio te pone directamente en modo práctica. Tres preguntas reales de entrevista, y tú escribiendo tus propias respuestas en inglés. No hay respuestas modelo aquí: lo que importa es que practiques el proceso de organizar tus ideas y expresarlas con claridad. Esa habilidad se construye con la repetición.

Why are you interested in this position?
¿Por qué te interesa este puesto?

What is your greatest weakness?
¿Cuál es tu mayor debilidad?

How do you handle pressure or stressful situations?
¿Cómo manejas la presión o las situaciones estresantes?

◆ ¿Te costó escribir alguna respuesta? Eso es información valiosa: es la pregunta que más necesitas practicar. Vuelve al Capítulo 2, relee el ejemplo correspondiente y luego intenta escribir tu respuesta de nuevo. La segunda versión siempre es mejor que la primera.

Practica en voz alta: Lee tus tres respuestas en voz alta, una por una. ¿Suenan naturales? ¿Hay partes que suenan forzadas o difíciles de decir? Ajusta hasta que te sientas cómodo o cómoda diciéndolas sin leer.

Ejercicio 5 · Simulación de entrevista

Cinco minutos de entrevista real

Lee las cinco preguntas como si estuvieras en una entrevista real.

Escribe tus respuestas en el espacio indicado, o practica respondiéndolas directamente en voz alta.

Si eliges practicar en voz alta: grábate en tu teléfono y escúchate después con calma.

Trata de responder cada pregunta en menos de dos minutos.

● **NOTA: Te recomendamos tener un bolígrafo o lápiz a mano.** Este es el ejercicio más cercano a una entrevista real. Las preguntas aparecen en el orden típico de una entrevista de trabajo en inglés, desde la apertura hasta el cierre. Tu objetivo es responderlas como lo harías frente a un entrevistador real: con calma, con las ideas organizadas y con la mayor fluidez posible.

No te preocupes si las respuestas no salen perfectas. El propósito de este ejercicio es practicar el proceso completo: escuchar la pregunta, organizar tus ideas rápidamente y expresarlas en inglés. Esa habilidad mejora con cada repetición.

Escenario de práctica

Imagina que estás en una entrevista de trabajo para el puesto que más te interesa o que mejor corresponde a tu perfil. El entrevistador habla con un tono profesional pero amable. La entrevista es virtual. Ya pasaste la fase de small talk y ahora comienza la entrevista formal.

Responde cada pregunta como si la estuvieras escuchando en tiempo real.

P1 · Tell me about yourself.

Háblame de ti.

Tu respuesta:

P2 · Why are you applying for this position?

¿Por qué estás aplicando para este puesto?

Tu respuesta:

P3 · What are your greatest strengths?

¿Cuáles son tus principales fortalezas?

Tu respuesta:

P4   Can you describe a challenge you faced at work and how you handled it?

¿Puedes describir un desafío que enfrentaste en el trabajo y cómo lo manejaste?

Tu respuesta:

P5   Do you have any questions for us?

¿Tienes alguna pregunta para nosotros?

Tu respuesta:

Practica en voz alta: Si escribiste tus respuestas, ahora practica diciéndolas en voz alta sin leer. Si practicaste en voz alta, vuelve y escríbelas para consolidar lo aprendido. Lo ideal es hacer las dos cosas: escribir y hablar.

◆ Grábate respondiendo estas cinco preguntas como si fuera una entrevista real. Después escúchate con calma y toma nota: ¿qué partes sonaron bien? ¿Qué partes quieres mejorar? Ese ciclo de practicar, escuchar y ajustar es la manera más rápida de crecer.

¡EXCELENTE TRABAJO!

Completar estos ejercicios significa que ya tienes mucho más que la mayoría de los candidatos que entran a una entrevista en inglés sin preparación específica. Conoces las preguntas más comunes, entiendes qué busca el entrevistador con cada una, y has practicado construir tus propias respuestas en inglés.

En el próximo capítulo vas a aprender el método que va a elevar la calidad de todas esas respuestas: el método STAR. Una herramienta simple, probada y completamente adaptable a tu experiencia, que va a cambiar la manera en que respondes las preguntas más desafiantes de cualquier entrevista en inglés.

CAPÍTULO 3

CÓMO ESTRUCTURAR BUENAS RESPUESTAS EN INGLÉS SIN BLOQUEARTE

En el capítulo anterior aprendiste cuáles son las preguntas más comunes en entrevistas de trabajo en inglés y qué busca el entrevistador con cada una de ellas. Ese conocimiento es poderoso porque ya no te vas a sorprender cuando las escuches. Sabes qué se te está preguntando y sabes qué información debes dar.

Pero hay algo que ocurre entre saber qué decir y poder decirlo bien. Muchas personas llegan a una entrevista con ideas claras, con experiencia genuina y con la motivación correcta, y sin embargo, en el momento en que abren la boca, sus respuestas no reflejan todo eso. Salen largas, confusas, sin dirección. O, al contrario, salen demasiado cortas, demasiado vagas, y no dicen nada memorable.

El problema casi nunca es la falta de experiencia. El problema es la falta de estructura.

En este capítulo vas a aprender una herramienta simple, práctica y completamente adaptable a tu nivel de inglés que va a cambiar la manera en que organizas y presentas tus respuestas. Una vez que la domines, vas a notar una diferencia clara: tus respuestas van a sonar más profesionales, más convincentes y más fáciles de seguir. Y eso, sin necesidad de un inglés perfecto.

EL PROBLEMA MÁS COMÚN: SABER PERO NO PODER EXPRESARLO

Existe un momento muy particular que casi todas las personas que se preparan para una entrevista en inglés han vivido. Es el momento en que el entrevistador hace una pregunta, tú sabes perfectamente la respuesta que quieres dar, tienes la experiencia para respaldarlo, tienes incluso el ejemplo perfecto en mente... y entonces abres la boca y lo que sale no es para nada lo que querías decir.

Las palabras se mezclan. La historia que tenías tan clara en tu cabeza de repente parece un laberinto. Empiezas por un lugar, saltas a otro, vuelves al principio, añades detalles que no importan, olvidas el punto más importante. Y cuando terminas, sientes que dejaste la respuesta a medias, sin llegar a ningún lugar claro.

Eso es frustrante. Sobre todo porque no es un problema de inglés. Es un problema de organización.

La buena noticia es que la organización se puede aprender. No es un talento que se nace con él. Es una habilidad que se practica, exactamente igual que cualquier otro aspecto del idioma.

¿Por qué ocurre esto?

Cuando hablamos en nuestro idioma nativo, el cerebro trabaja en un modo relativamente automático. Sabemos cómo construir frases, sabemos qué orden van las ideas, sabemos cuándo expandir y cuándo ir al grano. Hemos tenido décadas de práctica.

Cuando hablamos en un segundo idioma, especialmente bajo presión, el cerebro está haciendo muchas cosas al mismo tiempo: buscar las palabras correctas, construir la gramática, controlar el acento, escuchar si nos están entendiendo, pensar en qué viene después. Toda esa carga cognitiva deja poco espacio para organizar bien las ideas.

El resultado es que las respuestas salen desordenadas, no porque las ideas estén desordenadas, sino porque el proceso de convertir esas ideas en inglés bajo presión consume demasiada energía mental.

La solución es reducir esa carga dándole a tu cerebro una estructura predefinida que seguir. En lugar de tener que decidir en tiempo real cómo organizar la respuesta, ya lo sabes con anticipación. Solo necesitas seguir el camino que ya conoces.

Eso es exactamente lo que el método STAR hace por ti.

POR QUÉ LA ESTRUCTURA IMPORTA MÁS QUE EL VOCABULARIO

Existe una creencia muy extendida entre las personas que aprenden inglés: que la clave de una buena entrevista es tener un vocabulario avanzado. Que si memorizan palabras sofisticadas, si logran sonar más como alguien que nació en un país de habla inglesa, van a impresionar más al entrevistador.

La realidad es diferente. Los entrevistadores de empresas internacionales han entrevistado a cientos de candidatos de todo el mundo. Han escuchado inglés con todos los acentos posibles. Han visto candidatos con un inglés impecable que no lograban comunicar sus ideas con claridad, y candidatos con un inglés modesto pero estructurado que dejaban una impresión poderosa.

La diferencia no estaba en el vocabulario. Estaba en la claridad.

Lo que realmente valora un entrevistador en tu respuesta

Cuando escuchas una respuesta bien estructurada, algo ocurre en tu cerebro de manera casi automática: entiendes de qué se trata, puedes seguir la lógica, y al final sabes exactamente cuál fue el punto. Eso genera confianza. Eso genera credibilidad.

Una respuesta bien estructurada le dice al entrevistador varias cosas sobre ti sin que tengas que decirlas explícitamente. Le dice que puedes organizar tu pensamiento. Le dice que eres capaz de comunicarte de manera efectiva. Le dice que si te piden explicar algo complejo en el trabajo, vas a poder hacerlo con claridad.

Todo eso lo transmite la estructura, no el vocabulario.

Por supuesto, ampliar tu vocabulario es importante y lo vamos a trabajar más adelante en el libro. Pero si tuvieras que elegir entre tener un vocabulario avanzado sin estructura, o un vocabulario básico con una estructura clara y lógica, la segunda opción va a funcionar mejor en una entrevista casi siempre.

> ✦ Una respuesta clara con palabras sencillas es más convincente que una respuesta confusa con palabras complicadas. La estructura es lo que hace que la claridad sea posible.

PRESENTANDO EL MÉTODO STAR

El método STAR es una de las herramientas más utilizadas en el mundo del coaching de carrera y la preparación para entrevistas. Originalmente fue desarrollado como una manera de responder preguntas de comportamiento, que son esas preguntas que empiezan con "Tell me about a time when..." o "Describe a situation where..."

Pero con el tiempo, los candidatos descubrieron que esta estructura funcionaba para casi cualquier tipo de pregunta en una entrevista. ¿Por qué? Porque tiene la longitud correcta, el orden correcto, y la combinación correcta de contexto, acción y resultado que los entrevistadores necesitan para evaluarte.

En SpeakFluenti hemos adaptado el método STAR para que sea lo más accesible y práctico posible para hispanohablantes que están aprendiendo inglés para contextos profesionales. No lo vamos a presentar como un concepto corporativo complicado. Lo vamos a presentar como lo que realmente es: un mapa simple para ir de punto A a punto B sin perderte en el camino.

STAR en su forma más simple

Las cuatro letras de STAR corresponden a cuatro partes de tu respuesta. Piensa en ellas como los cuatro bloques que construyen una historia profesional completa y convincente:

S — Situation / *Situación*

La situación es el contexto de tu historia. Es donde le das al entrevistador el escenario: cuándo ocurrió, dónde trabajabas, qué estaba pasando en ese momento. No necesitas dar todos los detalles del universo. Solo los suficientes para que el entrevistador entienda de qué situación estás hablando.

¿Qué incluir? El momento, el lugar de trabajo, el contexto general. Dos o tres frases son suficientes.

Error frecuente: *Hablar demasiado tiempo de la situación y no llegar nunca a lo que hiciste. La situación es el escenario, no la historia completa.*

T — Task / *Tarea / Responsabilidad*

La tarea es tu rol en esa situación. ¿Cuál era tu responsabilidad? ¿Qué se esperaba de ti? ¿Cuál era el problema o el desafío que necesitabas resolver? Esta parte conecta la situación con lo que tú específicamente tuviste que hacer. Es lo que convierte una historia general en tu historia.

¿Qué incluir? Tu rol, tu responsabilidad, el objetivo o el problema que tenías que resolver.

Error frecuente: *Confundir la tarea con la acción. La tarea describe qué necesitabas hacer, no cómo lo hiciste.*

A — Action / *Acción*

La acción es el corazón de tu respuesta. Aquí describes exactamente qué hiciste para enfrentar la situación o resolver el problema. Esta es la parte más importante porque es donde el entrevistador puede ver cómo piensas, cómo actúas y qué tipo de profesional eres. Sé específico: no digas lo que el equipo hizo, di lo que tú hiciste.

¿Qué incluir? Los pasos concretos que tomaste, las decisiones que tomaste, las habilidades que usaste.

Error frecuente: *Ser vago. Decir 'hice todo lo necesario' o 'trabajé muy duro' sin explicar qué*

> **R — Result** / *Resultado*
>
> El resultado es el cierre de tu historia. ¿Qué pasó después de que tomaste esas acciones? ¿Cuál fue el impacto de lo que hiciste? Siempre que puedas, incluye números o datos concretos: un porcentaje de mejora, una fecha de entrega que se cumplió, un cliente que quedó satisfecho. Si el resultado incluye lo que aprendiste, mejor todavía.
>
> **¿Qué incluir?** El impacto de tus acciones, los datos o métricas si los tienes, y opcionalmente lo que aprendiste.
>
> **Error frecuente:** *Olvidar el resultado por completo. Sin resultado, la historia queda incompleta y el entrevistador no sabe si lo que hiciste funcionó.*

UNA VERSIÓN TODAVÍA MÁS SIMPLE

Si las palabras Situation, Task, Action, Result te parecen demasiado formales o difíciles de recordar bajo presión, aquí tienes una manera alternativa de pensar en la misma estructura. Usa estas cuatro preguntas como guía cuando estés construyendo tu respuesta:

#	Pregunta guía	Corresponde a
1	¿Qué estaba pasando?	Situation — el contexto, el escenario, cuándo ocurrió
2	¿Qué necesitabas hacer?	Task — tu responsabilidad, el objetivo o el problema a resolver
3	¿Qué hiciste exactamente?	Action — los pasos concretos que tomaste, tus decisiones
4	¿Qué pasó al final?	Result — el impacto de tus acciones, los resultados obtenidos

Puedes usar cualquiera de las dos versiones: las palabras en inglés (Situation, Task, Action, Result) o las preguntas en español (¿Qué estaba pasando? ¿Qué necesitabas hacer? ¿Qué hiciste? ¿Qué pasó?). Lo importante es que la estructura esté en tu cabeza antes de abrir la boca. Una vez que la tienes interiorizada, el resto fluye de manera mucho más natural.

ANTES Y DESPUÉS: CÓMO LA ESTRUCTURA TRANSFORMA UNA RESPUESTA

Para entender el impacto real de la estructura, nada mejor que ver la diferencia entre una respuesta sin estructura y una respuesta con estructura aplicando el método STAR. A continuación tienes tres ejemplos con preguntas reales de entrevista.

Tell me about a challenge you faced at work.

Cuéntame sobre un desafío que enfrentaste en el trabajo.

✗ Respuesta sin estructura

"Well, in my last job there were always many challenges. I'm used to working under pressure. Once we had a very difficult client and it was complicated because the team also had problems. But we solved it in the end. I think I'm good at problem solving."

✓ Respuesta con estructura STAR

"In my last role, we were launching a new product when our lead developer resigned unexpectedly, two weeks before the launch date. [Situation] My responsibility as project coordinator was to ensure the launch happened on time without compromising quality. [Task] I immediately contacted a freelance developer I had worked with before, briefed them quickly on the project, and reorganized the team's workload to cover the gap. I held daily check-ins to monitor progress. [Action] We launched only three days behind the original schedule, and the client rated the product quality as excellent in their feedback. [Result]"

¿Por qué funciona mejor? La primera respuesta es vaga, usa generalizaciones y no da ningún dato concreto. La segunda respuesta tiene una historia real, acciones específicas y un resultado medible. El entrevistador puede ver exactamente quién es este candidato como profesional.

Tell me about a time you worked well in a team.

Cuéntame sobre una vez que trabajaste bien en equipo.

✗ Respuesta sin estructura

"I love working in teams. I'm a very collaborative person. In my previous job I worked with many people and we always had good communication. I think teamwork is very important."

✓ Respuesta con estructura STAR

"In my previous job, we had a major client presentation to deliver in just five days, but three different departments had to contribute content. [Situation] My role was to coordinate all the input and build a cohesive presentation from it. [Task] I created a shared document with clear sections for each team and set deadlines two days before the final date to allow time for integration and review. I held two short alignment calls to make sure everyone was working toward the same message. [Action] We delivered the presentation on time. The client signed the contract the following week, and our manager highlighted the team's coordination as one of the key success factors. [Result]"

¿Por qué funciona mejor? La primera respuesta podría ser de cualquier candidato del mundo. La segunda es específica, profesional y demuestra habilidades reales de coordinación con evidencia concreta.

TRES EJEMPLOS COMPLETOS CON DESGLOSE STAR

Ahora vamos a ver tres ejemplos completos de respuestas con el método STAR aplicado, con cada parte identificada claramente. Estos ejemplos están diseñados para sonar naturales, no robóticos. Úsalos como modelos para construir tus propias historias.

Describe a time you had to solve a problem quickly.

Describe una vez que tuviste que resolver un problema rápidamente.

S — Situation

"I was working as a customer support manager for a software company. One afternoon, a system update caused a bug that affected about 200 active users — they couldn't log into their accounts."

T — Task

"I needed to manage the situation immediately: communicate with affected users, coordinate with the technical team, and make sure we resolved it before the end of the

A — Action

"First, I drafted a clear message to all affected users explaining what had happened and giving them a realistic time estimate. Then I coordinated directly with the development team to prioritize the fix, attending two technical calls that afternoon. I also set up a temporary workaround for users who urgently needed access and shared the steps personally via email."

R — Result

"The bug was fixed within four hours. We sent a follow-up message to all affected users and offered them a one-month service credit as goodwill. Our support satisfaction score for that month was actually higher than the previous one — users appreciated the transparency."

¿Por qué funciona? La respuesta tiene un problema concreto, acciones específicas y múltiples, y un resultado sorprendente pero creíble. Termina con un dato que demuestra el impacto real de las acciones del candidato.

Tell me about a time you had to learn something new quickly.

Cuéntame sobre una vez que tuviste que aprender algo nuevo rápidamente.

S — Situation

"When I joined my previous company, I was hired as a marketing analyst. Two weeks in, our data team was short-staffed and my manager asked me to take on some basic data reporting tasks using a tool I had never used before: Google Data Studio."

T — Task

"I needed to deliver my first report within five business days, with no formal training available. The expectation was that the report would match the quality of previous ones done by experienced analysts."

A — Action

"I dedicated two hours each morning before work to learning the tool through official tutorials and YouTube videos. I also reached out to a colleague in another department who had experience with it and asked if they would be willing to answer a few questions. By day three, I was building the reports independently. I documented everything I learned as I went so the team could have a reference guide."

R — Result

"I delivered the report on time and received positive feedback from my manager. The reference guide I created became a standard document used by two other team members who joined the company later. I also continued using the tool in my regular work and became the team's informal expert on it."

¿Por qué funciona? Esta respuesta demuestra iniciativa, capacidad de aprendizaje autónomo y un resultado que fue más allá de lo pedido. El detalle de la guía de referencia que creó la hace especialmente memorable.

. . .

Tell me about a time you handled a conflict with a colleague.

Cuéntame sobre una vez que manejaste un conflicto con un colega.

S — Situation

"I was working on a marketing campaign with a colleague from the design team. We had different ideas about the visual direction of the campaign, and after a few meetings, the tension became noticeable and was starting to slow down the project."

T — Task

"As the project lead, it was my responsibility to make sure we moved forward productively and that both perspectives were heard fairly."

A — Action

"I invited my colleague to a one-on-one conversation outside of the group meeting context. I started by acknowledging their expertise and explaining that I wanted to find a solution that worked for both of us. I listened carefully to their concerns and shared mine clearly. We identified that we actually agreed on the campaign's goals — we just had different instincts about execution. We agreed to test two design directions with a small user group and let the data guide the final decision."

R — Result

"The user test results gave us a clear winner and both of us felt the process was fair. The campaign launched on time and performed above the engagement benchmarks we had set. My relationship with that colleague actually improved significantly after the conversation — we worked well together on several projects after that."

¿Por qué funciona? Esta respuesta maneja un tema sensible con madurez. Muestra iniciativa en la resolución del conflicto, describe un proceso justo y termina con un resultado positivo tanto para el proyecto como para la relación profesional.

FRASES CLAVE PARA CADA PARTE DE TU RESPUESTA

Una de las maneras más efectivas de practicar el método STAR es aprender un conjunto de frases útiles para cada parte. No para memorizarlas y repetirlas de manera mecánica, sino para tenerlas disponibles como opciones cuando estés construyendo tu respuesta. Piensa en ellas como piezas de un conjunto que puedes combinar de diferentes maneras.

S — Situation / Situación

"In my previous role at..." → En mi trabajo anterior en...

"While I was working at..." → Mientras trabajaba en...

"A few years ago, when I was..." → Hace algunos años, cuando estaba...

"At that point, our team was facing..." → En ese momento, nuestro equipo enfrentaba...

"This happened during a period when..." → Esto ocurrió durante un período en que...

T — Task / Tarea

"My responsibility was to..." → Mi responsabilidad era...

"I needed to make sure that..." → Necesitaba asegurarme de que...

"The goal was to..." → El objetivo era...

"My role in that situation was..." → Mi rol en esa situación era...

"I was expected to deliver..." → Se esperaba que yo entregara...

A — Action / Acción

"I decided to..." → Decidí...

"I took the initiative to..." → Tomé la iniciativa de...

"My first step was to..." → Mi primer paso fue...

"I worked closely with... to..." → Trabajé de cerca con... para...

"I proposed a solution that involved..." → Propuse una solución que implicaba...

"I organized the team around..." → Organicé al equipo alrededor de...

R — Result / Resultado

"As a result..." → Como resultado...

"In the end..." → Al final...

"This helped us to..." → Esto nos ayudó a...

"The outcome was..." → El resultado fue...

"We were able to..." → Pudimos...

"Looking back, I learned that..." → Mirando atrás, aprendí que...

LOS ERRORES MÁS COMUNES AL USAR EL MÉTODO STAR

Conocer el método es el primer paso. Pero hay algunos errores muy frecuentes que vale la pena identificar con anticipación, para que puedas evitarlos cuando practiques y cuando estés en la entrevista real.

Hablar demasiado tiempo de la situación

Este es el error más común. El candidato empieza a describir el contexto y se pierde en detalles que no son relevantes para la respuesta. Explica la historia completa de la empresa, los antecedentes del proyecto, las personalidades de los colegas involucrados... y cuando llega a la parte de la acción, ya llevamos cuatro minutos y el entrevistador ha perdido el hilo.

La situación debe ser breve. Dos o tres frases que establezcan el contexto son suficientes. El protagonista de tu respuesta no es la situación, eres tú y lo que hiciste.

· · ·

No explicar la acción con suficiente detalle

Si la situación debe ser breve, la acción debe ser lo contrario: específica y detallada. Este es el error inverso al anterior: el candidato describe la situación durante dos minutos y luego la acción en una frase. "Y entonces resolví el problema." Eso no le dice nada al entrevistador.

La acción es donde demuestras cómo piensas y cómo actúas. Necesita tener pasos concretos. No lo que el equipo hizo, sino lo que tú específicamente hiciste. Cuántas más acciones concretas puedas mencionar, más convincente va a ser tu respuesta.

Olvidar el resultado

Este error es sorprendentemente frecuente. El candidato describe la situación, la tarea y las acciones... y luego simplemente para. La historia queda sin cierre. El entrevistador no sabe si lo que hiciste funcionó.

El resultado es el cierre de la historia. Es el momento en que el entrevistador puede evaluar el impacto de tus acciones. Sin resultado, toda la historia anterior queda incompleta. Siempre, siempre cierra con un resultado, aunque sea breve.

Sonar memorizados y robóticos

Hay una versión del método STAR que suena perfectamente estructurada pero completamente artificial. El candidato dice literalmente: "La situación fue X. Mi tarea fue Y. La acción que tomé fue Z. El resultado fue W." Cada frase empieza con la palabra de la estructura. Eso suena ensayado y mecánico.

El objetivo no es usar las palabras Situation, Task, Action y Result en tu respuesta. El objetivo es que tu respuesta tenga esa secuencia lógica, pero que suene natural y humano. Las frases de la sección anterior te van a ayudar exactamente con eso: a expresar cada parte de la estructura con lenguaje fluido, no con etiquetas literales.

Usar historias demasiado genéricas

"Una vez tuve un problema con un proyecto y lo resolví trabajando en equipo." Eso podría decirlo cualquier persona en cualquier industria. No dice absolutamente nada específico sobre ti.

Tus historias deben ser específicas. Deben tener detalles que solo tú podrías dar. ¿En qué industria trabajabas? ¿Cuál era el proyecto? ¿Qué tipo de problema era? ¿Cuántas personas estaban involucradas? ¿Cuál fue el resultado en números? Los detalles específicos son lo que hace que tus respuestas sean creíbles y memorables.

> La especificidad es tu mejor aliada. Una historia con detalles concretos es siempre más convincente que una historia perfectamente estructurada pero genérica.

CÓMO SONAR NATURAL Y NO ROBÓTICO

Este es uno de los puntos más importantes de todo el capítulo, y queremos que lo leas con mucha atención.

El método STAR es una herramienta, no un guión. El objetivo no es aprender un texto de memoria y recitarlo igual en cada entrevista. El objetivo es aprender una manera de organizar tus ideas para que, cuando el entrevistador haga una pregunta, tu cerebro ya sepa por dónde empezar, qué incluir y cómo terminar.

Piensa en ello como aprender a cocinar una receta. La primera vez sigues el receta al pie de la letra. La segunda vez, ya empiezas a ajustar al gusto. La tercera vez, la haces de manera tan natural que ni siquiera necesitas consultar el papel. El plato es siempre el mismo, pero la preparación se vuelve cada vez más fluida y personal.

Con el método STAR ocurre exactamente lo mismo. Al principio puede sentirse un poco forzado. Con práctica, se convierte en tu manera natural de organizar y contar historias profesionales.

La diferencia entre estructura y script

Una estructura es un esquema de organización. Un script es un texto fijo. La diferencia importa porque en una entrevista real, nunca sabes exactamente cómo va a sonar la pregunta, ni qué parte de tu historia va a interesarle más al entrevistador. Necesitas poder adaptarte.

Si memorizas un script, cualquier variación te puede desestabilizar. Si internalizas una estructura, puedes construir tu respuesta de manera flexible, adaptando el nivel de detalle, el énfasis o incluso la historia que usas según el contexto.

Eso es lo que hace que los candidatos más preparados suenen tan naturales: no es que improvisen todo. Es que tienen una estructura tan bien aprendida que pueden aplicarla de manera flexible sin que se note el andamiaje.

Tres hábitos que hacen que tus respuestas suenen más naturales

Estos tres hábitos, practicados regularmente, van a transformar la manera en que te suenas cuando respondes preguntas en inglés:

Practica en voz alta, no en silencio. El cerebro que procesa texto mentalmente y el cerebro que produce sonidos son dos procesos diferentes. Puedes entender perfectamente el método STAR en silencio y luego bloquearte cuando intentas hablar. La única manera de entrenar la producción oral es practicando oralmente. Di tus respuestas en voz alta, aunque estés solo o sola en tu cuarto, aunque suene extraño al principio.

. . .

Practica con variaciones. No practiques siempre la misma historia con las mismas palabras. Practica contando la misma historia de diferentes maneras: con más detalle, con menos detalle, con diferente énfasis. Eso entrena la flexibilidad que necesitas para adaptarte a las preguntas reales.

Escúchate. Grábate respondiendo preguntas y escúchate después. Ese ejercicio es incómodo al principio, pero es extraordinariamente útil. Te permite identificar con precisión qué partes suenan bien, qué partes necesitan más trabajo, dónde tu ritmo se rompe y dónde tu vocabulario podría ser más preciso.

Este libro incluye materiales de audio que te van a ayudar exactamente con este proceso. Vas a poder escuchar ejemplos de respuestas completas pronunciadas de manera natural, versiones a velocidad reducida para practicar la pronunciación, y simulaciones de entrevistas cortas para que puedas escuchar cómo fluye una conversación real. Usa esos recursos activamente: escucha, repite, practica.

CONSTRUYENDO TU BANCO DE HISTORIAS

Antes de cerrar este capítulo, queremos presentarte un concepto que va a ser tu mejor herramienta de preparación a largo plazo: el banco de historias.

El banco de historias es simplemente una colección personal de experiencias profesionales tuyas, ya organizadas con la estructura STAR, listas para ser usadas en cualquier entrevista. No es un documento extenso ni complicado. Puede ser tan simple como una hoja de papel o una nota en tu teléfono con cuatro o cinco historias bien preparadas.

¿Por qué esto es tan útil? Porque en una entrevista real no tienes tiempo para construir una historia desde cero. Pero si ya tienes historias preparadas, lo que haces en la entrevista no es crear, es seleccionar: ¿cuál de mis historias preparadas responde mejor esta pregunta?

Qué tipos de historias necesitas tener preparadas

Para cubrir la mayoría de las preguntas de comportamiento que puedes recibir en una entrevista, te recomendamos preparar al menos una historia para cada uno de estos escenarios:

Un desafío que superaste. Una situación difícil, un problema complicado, un obstáculo real que enfrentaste y que resolviste. Esta historia sirve para preguntas sobre problem solving, resiliencia y manejo de presión.

. . .

Un logro del que estás orgulloso o orgullosa. Algo que hiciste especialmente bien, que tuvo un impacto positivo y que demuestra tus fortalezas más relevantes. Esta historia sirve para preguntas sobre fortalezas, logros y contribuciones profesionales.

Una situación de trabajo en equipo. Un proyecto colaborativo, una situación en la que tuviste que coordinar con otros, resolver diferencias o liderar un esfuerzo colectivo. Esta historia sirve para preguntas sobre trabajo en equipo, colaboración y comunicación.

Un momento de liderazgo. Una vez que tomaste la iniciativa, guiaste a otros o asumiste responsabilidad sin necesidad de que te lo pidieran. Esta historia sirve para preguntas sobre liderazgo, iniciativa y gestión de equipos.

Un error o fracaso del que aprendiste. Algo que no salió como esperabas, cómo lo manejaste y qué cambió en ti a partir de esa experiencia. Esta historia sirve para preguntas sobre debilidades, errores, retroalimentación y crecimiento profesional.

Un conflicto que resolviste. Una situación en la que tuviste diferencias con un colega, cliente o jefe, y cómo las manejaste de manera madura y constructiva. Esta historia sirve para preguntas sobre manejo de conflictos, inteligencia emocional y comunicación difícil.

Con esas seis historias bien preparadas y organizadas con el método STAR, tienes material para responder la gran mayoría de las preguntas de comportamiento que puedes encontrar en cualquier entrevista de trabajo en inglés.

> ✦ No necesitas decenas de historias. Necesitas seis buenas historias que puedas contar con claridad, con detalles concretos y con un resultado claro. La calidad siempre supera a la cantidad.

LO QUE APRENDISTE EN ESTE CAPÍTULO

En este capítulo aprendiste la herramienta más importante para organizar tus respuestas en una entrevista de trabajo en inglés: el método STAR. Aprendiste que una respuesta bien estructurada es más convincente que una respuesta con vocabulario avanzado pero sin dirección. Viste la diferencia entre respuestas con y sin estructura. Practicaste con frases concretas para cada parte. Y descubriste la importancia de construir tu banco de historias personal.

Ahora tienes el mapa. Sabes cómo ir de punto A a punto B sin perderte. Y con práctica, ese camino va a volverse cada vez más natural y más tuyo.

EL PRÓXIMO PASO

En los capítulos que siguen, vamos a poner todo esto en práctica con situaciones específicas de alta frecuencia en las entrevistas: cómo hablar de tus fortalezas y debilidades, cómo responder preguntas sobre tu experiencia y tus logros, cómo manejar las preguntas más difíciles, y cómo cerrar una entrevista con una impresión poderosa.

Cada una de esas situaciones va a construir sobre la estructura que aprendiste hoy. El método STAR va a ser tu punto de partida para todo lo que viene. Y a medida que practiques más, vas a notar que ya no piensas en la estructura conscientemente: simplemente la usas.

Ese es el momento en que la preparación se convierte en confianza real. Y ese momento está mucho más cerca de lo que crees.

EJERCICIOS DE PRÁCTICA DEL CAPÍTULO 3

Conocer el método STAR es el primer paso. El segundo paso, el que marca la diferencia real, es practicarlo hasta que se convierta en tu manera natural de organizar ideas. Estos cinco ejercicios están diseñados para llevarte exactamente ahí: de entender la estructura a usarla con confianza.

Trabaja en orden, desde el primero hasta el último. Cada ejercicio construye sobre el anterior. Y siempre que puedas, practica tus respuestas en voz alta después de escribirlas. La claridad escrita y la fluidez oral son dos habilidades distintas, y las dos necesitan práctica.

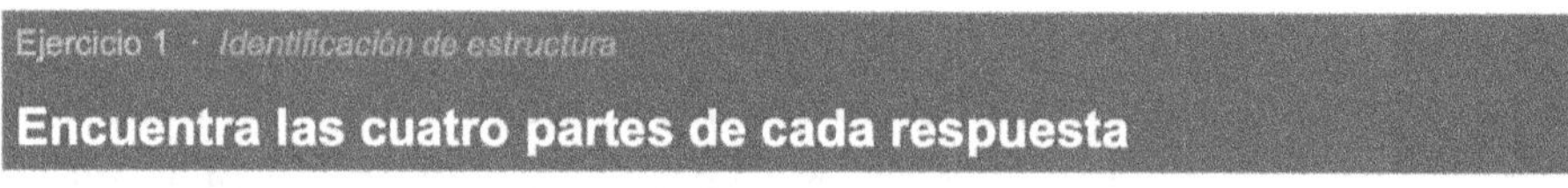

Lee cada respuesta de entrevista con atención.

Identifica dónde está la Situation, la Task, la Action y el Result.

Copia o parafrasea las frases correspondientes en cada casilla.

Si una parte es muy breve, escribe las palabras clave que la identifican.

Antes de construir tus propias respuestas con el método STAR, es útil entrenar el ojo para reconocer la estructura en respuestas que ya están bien armadas. Ese reconocimiento te ayuda a entender cómo fluye una respuesta efectiva y qué información va en cada parte.

1 Tell me about a time you had to manage a difficult situation at work.

"I was working as a customer service supervisor when our main software system went down on a Monday morning — right at our busiest time of the week. My job was to keep the team functioning and serving customers without access to our usual tools. I immediately organized a quick team meeting, assigned manual backup procedures to each agent, and contacted our IT provider to escalate the issue. I also sent a proactive message to customers explaining the delay. The system was restored within three hours, our team handled over 80% of the expected call volume manually, and we received no formal complaints from customers that day."

S — Situation /
Situación

T — Task / Tarea

A — Action / Acción

R — Result / Resultado

2   Describe a time you had to meet a tight deadline.

"At my previous company, we had a major report due to a key client on a Friday, but our data team was short two people that week due to illness. I was the senior analyst, so it fell on me to make sure the report was delivered on time and with full quality. I reorganized my entire schedule for the week, worked directly with the remaining data analyst to split the workload efficiently, and used automated tools to speed up the data cleaning process. I submitted the report Thursday evening, one day ahead of schedule. The client responded with very positive feedback and extended our contract the following month."

S — Situation / Situación

T — Task / Tarea

A — Action / Acción

R — Result / Resultado

"Early in my career, I noticed that a new colleague on my team was struggling with our internal reporting system. She had only been with the company for three weeks and the onboarding process hadn't covered that tool in enough detail. As someone who had been using the system for two years, I decided to organize a one-hour informal training session for her. I prepared a simple step-by-step guide and walked her through the most common tasks she would need to do regularly. By the end of the week, she was working independently in the system. My manager later mentioned that her productivity in the first month was notably higher than average for new hires."

S — Situation /
Situación

T — Task / Tarea

A — Action /
Acción

R — Result /
Resultado

✦ ¿Te costó identificar alguna parte? Eso es normal al principio. La Situation suele ser la más corta. La Action suele ser la más larga y específica. El Result siempre viene al final y responde la pregunta: ¿qué pasó gracias a lo que hice?

Elige una situación real y organízala

Piensa en una situación real de tu experiencia profesional.

Puede ser un desafío que superaste, un logro, un conflicto que resolviste o un momento de liderazgo.

Responde cada parte en español primero — esto te ayuda a organizar las ideas sin la presión del idioma.

Sé específico o específica: los detalles concretos hacen que las historias sean convincentes.

Este ejercicio es el corazón de toda tu preparación. Aquí no hay respuestas correctas o incorrectas: hay tu historia, organizada de manera que el entrevistador pueda seguirla con claridad.

Tómate el tiempo que necesites para pensar en una situación real. Cuanto más específica sea, mejor.

PRIMERO: ELIGE TU SITUACIÓN

¿Qué tipo de historia vas a contar? Marca la que mejor describe tu situación:

- ☐ Un desafío que superé
- ☐ Un momento de liderazgo
- ☐ Una situación de trabajo en equipo
- ☐ Un logro profesional importante
- ☐ Un conflicto que resolví
- ☐ Una vez que aprendí algo nuevo rápido

AHORA ORGANIZA TU HISTORIA

Escribe en español. No te preocupes por el inglés todavía, ese es el siguiente ejercicio.

S — Situation / *¿Qué estaba pasando?*

T — Task / *¿Qué necesitabas hacer?*

A — Action / *¿Qué hiciste exactamente?*

R — Result / *¿Qué pasó al final?*

◈ La parte de la Action debe ser la más larga. Si tienes dudas sobre qué incluir ahí, hazte esta pregunta: ¿Qué pasos concretos tomé yo personalmente? Cada paso que puedas nombrar hace tu respuesta más específica y más convincente.

Ejercicio 3 · *De español a inglés*

Transforma tu historia en una respuesta en inglés

Usa las notas del Ejercicio 2 como base.

Escribe cada parte de tu historia directamente en inglés.

Mantén las frases simples y claras — no necesitas vocabulario avanzado.

Si no recuerdas una palabra, descríbela o usa una más simple que conozcas.

Este es el momento en que tu historia en español se convierte en tu respuesta de entrevista en inglés. No es una traducción literal: es una adaptación. Mantén las ideas principales, usa las frases del capítulo como apoyo, y prioriza la claridad sobre la perfección. Una respuesta clara con palabras sencillas siempre supera a una respuesta confusa con vocabulario complicado.

S — Situation / *In my previous role... / At that time...*

T — Task / *My responsibility was... / I needed to...*

A — Action / *I decided to... / My first step was... / I worked with...*

R — Result / *As a result... / In the end... / This helped us...*

Ahora escribe tu respuesta completa, uniendo las cuatro partes de manera fluida:

Practica en voz alta: Lee tu respuesta completa en voz alta dos veces. La primera vez siguiendo el texto. La segunda vez intentando decirla sin leer, usando solo las ideas que recuerdas. ¿Fluye? ¿Hay partes que necesitas ajustar? Edita lo que necesites y practica de nuevo.

◆ Si alguna frase en inglés no sale natural, inténtalo de otra manera más simple. El objetivo no es sonar como un nativo. El objetivo es ser comprendido con claridad. La simplicidad bien estructurada siempre funciona mejor que la complejidad confusa.

Completa los inicios de respuesta

Lee cada inicio de frase en inglés.

Complétala con tu propia información profesional.

Escribe frases completas y con sentido, no palabras sueltas.

Después practica decir cada frase en voz alta hasta que suene natural.

Las frases de inicio que aprendiste en el capítulo son tu vocabulario de estructura: las herramientas que te permiten empezar cada parte de tu respuesta con confianza. Este ejercicio te ayuda a hacer esas frases tuyas, con tu propia información, para que en la entrevista real no tengas que buscarlas, simplemente las uses.

S — Situation / Para establecer el contexto

"In my previous role at __________________ *"*
(nombre de empresa o tipo de empresa donde trabajabas)

"While I was working as __________________ *"*
(tu cargo o función en ese momento)

"At that point, our team was facing __________________ *"*
(el problema o situación que existía)

T — Task / Para describir tu responsabilidad

"My responsibility was to __________________ *"*
(lo que se esperaba de ti en esa situación)

"The goal was to __________________ *"*
(el objetivo que necesitabas lograr)

"I was expected to __________________ *"*
(qué resultado tenías que producir)

A — Action / Para describir lo que hiciste

***"My first step was to** _______________ "*
(la primera acción concreta que tomaste)

***"I decided to** _______________ "*
(una decisión importante que tomaste)

***"I worked closely with** _______________ "*
(personas o equipos con quienes colaboraste)

***"I took the initiative to** _______________ "*
(algo que hiciste sin que nadie te lo pidiera)

R — Result / Para cerrar con el impacto

***"As a result,** _______________ "*
(qué mejoró, cambió o se logró gracias a tus acciones)

***"In the end,** _______________ "*
(cuál fue el desenlace final de la situación)

***"This helped us to** _______________ "*
(el beneficio concreto para el equipo o la empresa)

***"Looking back, I learned that** _______________ "*
(qué aprendiste de esa experiencia)

> **Practica en voz alta:** Elige tres de estas frases completadas y practícalas en voz alta encadenadas: una de S, una de A y una de R. Así empiezas a sentir el flujo de una respuesta STAR sin tener que escribirla entera.

Responde tres preguntas con el método STAR

Lee cada pregunta como si estuvieras en una entrevista real.

Planifica tu respuesta usando las cuatro secciones STAR.

Escribe tu respuesta completa en inglés en el espacio indicado.

Después practica diciéndola en voz alta — grábate si puedes.

Este es el ejercicio final del capítulo y el más cercano a lo que vas a vivir en una entrevista real. Tres preguntas reales. Tres respuestas completas usando el método STAR. Tu objetivo no es escribir respuestas perfectas: es practicar el proceso de organizar y expresar tus ideas con claridad en inglés.

Usa historias diferentes para cada pregunta si puedes. Eso te obliga a profundizar en tu banco de historias y a tener más material disponible para diferentes contextos.

Recuerda antes de empezar:

S — ¿Qué estaba pasando? | T — ¿Qué necesitabas hacer? | A — ¿Qué hiciste exactamente? | R — ¿Qué pasó al final?

Planifica primero en las secciones de colores. Luego escribe tu respuesta completa con fluidez.

P1   Tell me about a challenge you faced at work.

Cuéntame sobre un desafío que enfrentaste en el trabajo.

S — Situation / Situación

T — Task / Tarea

A — Action / Acción

R — Result / Resultado

Mi respuesta completa en inglés:

P2	Describe a time when you solved a problem at work.

Describe una vez en que resolviste un problema en el trabajo.

S — Situation / Situación

T — Task / Tarea

A — Action / Acción

R — Result / Resultado

Mi respuesta completa en inglés:

<table>
<tr><td>P3</td><td>

Tell me about a professional achievement you are proud of.

Cuéntame sobre un logro profesional del que estés orgulloso o orgullosa.

</td></tr>
</table>

S — Situation / Situación

T — Task / Tarea

A — Action / Acción

R — Result / Resultado

Mi respuesta completa en inglés:

Practica en voz alta: Una vez escritas las tres respuestas, ponlas en práctica. Grábate respondiendo cada pregunta como si fuera una entrevista real. Escúchate después: ¿las cuatro partes están presentes? ¿La respuesta es clara y fluye bien? ¿Dónde puedes mejorar? Repite hasta que te sientas seguro o segura con cada una.

✦ No memorices tus respuestas palabra por palabra. Memoriza las ideas en orden: situación, tarea, acción, resultado. El lenguaje puede variar en cada práctica — eso es señal de que lo estás interiorizando, no repitiendo mecánicamente.

¡LO ESTÁS HACIENDO MUY BIEN!

Completar estos ejercicios significa que ya tienes una herramienta poderosa en tus manos: el método STAR aplicado a tu propia experiencia profesional, en inglés. Cada historia que escribes, cada respuesta que practicas en voz alta, cada frase que completas es un paso más hacia la confianza que necesitas para la entrevista real.

En el próximo capítulo vamos a continuar construyendo sobre esta base, trabajando con situaciones específicas de alta frecuencia: cómo hablar de tu experiencia y tus logros, cómo presentar tus fortalezas con evidencia concreta, y cómo manejar las preguntas más desafiantes con claridad y profesionalismo.

CAPÍTULO 4
CÓMO RESPONDER PREGUNTAS DIFÍCILES CON SEGURIDAD

Hay preguntas en una entrevista de trabajo que generan una incomodidad especial. No porque sean técnicamente complicadas ni porque requieran un nivel de inglés muy avanzado. Las generan porque son personales. Porque te piden que hables de ti mismo o misma de manera directa: de tus fortalezas, de tus debilidades, de tus errores, de tus logros, de por qué deberían elegirte a ti.

Ese tipo de exposición personal, combinada con el desafío de hacerlo en otro idioma, puede hacer que hasta el candidato más preparado sienta que el piso se mueve bajo sus pies. El corazón se acelera, la mente se vacía o, al contrario, se llena de tantas ideas que no sabe por dónde empezar.

En este capítulo vamos a trabajar exactamente con esas preguntas. Vamos a ver por qué generan esa incomodidad, qué busca realmente el entrevistador con cada una, cómo construir respuestas que sean honestas, estructuradas y profesionales, y qué frases concretas puedes usar para expresarte con claridad. Cuando termines este capítulo, estas preguntas ya no van a sentirse como trampas. Van a sentirse como oportunidades.

POR QUÉ ESTAS PREGUNTAS SE SIENTEN DIFERENTES

Las preguntas sobre experiencia laboral o sobre responsabilidades previas son relativamente cómodas porque hablan del trabajo que hiciste, no de quién eres como persona. Tienes cierta distancia emocional con ellas.

Pero cuando alguien te pregunta cuál es tu mayor debilidad, qué harías si pudieras cambiar algo de tu carrera, o por qué deberían contratarte a ti y no a otro candidato, esa distancia desaparece. De repente la pregunta es sobre ti, no sobre tu trabajo anterior.

Eso activa miedos muy específicos que vale la pena nombrar, porque nombrarlos es el primer paso para manejarlos:

El miedo a sonar arrogante. Cuando te piden que hables de tus fortalezas o logros, muchas personas se contienen porque no quieren parecer prepotentes o presuntuosas. Esta contención hace que sus respuestas sean tan vagas que no dicen nada. El entrevistador quiere escuchar tu valor; decirlo con claridad y evidencia no es arrogancia, es profesionalismo.

El miedo a sonar débil. Cuando te piden que hables de tus debilidades o errores, el instinto natural es minimizar, evitar o dar una respuesta que en realidad sea una fortaleza disfrazada. Pero los entrevistadores han escuchado eso mil veces y saben perfectamente cuándo alguien está evadiendo. La respuesta honesta, bien manejada, genera mucha más confianza que la respuesta perfecta pero falsa.

El miedo a decir lo incorrecto. Muchos candidatos pasan tanto tiempo pensando en qué podría salir mal que se bloquean antes de responder. La parálisis por análisis es uno de los enemigos más comunes en las entrevistas. La preparación específica, que es exactamente lo que estamos haciendo en este capítulo, es la mejor medicina contra ese miedo.

El miedo a no explicarse bien en inglés. Hablar de uno mismo con matices, con honestidad y con profundidad es difícil incluso en el idioma nativo. En un segundo idioma, esa dificultad se multiplica. Por eso este capítulo no solo trabaja el contenido de las respuestas sino también el lenguaje específico que puedes usar para expresarte con claridad.

• • •

Lo primero que queremos que sepas es esto: todos estos miedos son completamente normales. Los sienten candidatos de todos los niveles de experiencia, de todos los países y de todos los niveles de inglés. No eres el único o la única. Y todos ellos se vuelven más manejables con preparación específica.

LO QUE EL ENTREVISTADOR REALMENTE QUIERE VER

Hay una verdad sobre las preguntas difíciles que cambia completamente la manera de verlas: el entrevistador no está buscando la respuesta perfecta. Está buscando una respuesta honesta, reflexiva y profesional.

Cuando un entrevistador te pregunta sobre tus debilidades, no espera que digas que no tienes ninguna. Sabe que eso no es cierto y desconfiaría de alguien que lo afirme. Lo que quiere ver es si eres capaz de hablar de tus áreas de mejora con madurez, sin ponerte a la defensiva y demostrando que estás trabajando en ellas.

Cuando te pregunta sobre un error o fracaso, no espera que hayas sido perfecto. Espera ver cómo reaccionas ante los errores: ¿los niegas? ¿Los minimizas? ¿Los asumes con responsabilidad y aprendes de ellos?

Cuando te pregunta sobre tus fortalezas, no espera modestia excesiva. Espera que puedas articular tu valor de manera profesional, con evidencia concreta, sin sonar ni arrogante ni inseguro.

Las cualidades que estas preguntas evalúan

Con cada pregunta difícil, el entrevistador está evaluando varias de estas cualidades al mismo tiempo:

Autoconocimiento. ¿Tienes claridad sobre quién eres como profesional, cuáles son tus capacidades reales y cuáles son tus áreas de mejora? Las personas con buen autoconocimiento son más fáciles de gestionar, más predecibles en su comportamiento y más capaces de crecer.

Honestidad e integridad. ¿Puedes hablar de ti mismo con honestidad, incluso cuando eso implica admitir cosas que no son perfectas? La honestidad es una de las cualidades más valoradas en entornos de trabajo colaborativos.

Inteligencia emocional. ¿Puedes manejar preguntas personalmente incómodas con calma y madurez? ¿Reaccionas de manera equilibrada ante situaciones que podrían ponerte a la defensiva?

. . .

Orientación al crecimiento. ¿Aprendes de tus errores? ¿Trabajas activamente en tus debilidades? ¿Buscas constantemente mejorar? Esas actitudes son señales de un profesional que va a seguir creciendo dentro de la empresa.

Claridad de comunicación. Independientemente del contenido de la respuesta, ¿puedes expresarte con claridad, con estructura y con el nivel de profundidad adecuado? Eso es especialmente importante para roles que requieren comunicación profesional en inglés.

> ✦ El entrevistador no busca perfección. Busca autenticidad con estructura. Una respuesta honesta, bien organizada y expresada con calma vale mucho más que una respuesta perfecta que suena falsa.

CÓMO HABLAR DE TUS FORTALEZAS

La pregunta sobre fortalezas es una de las más frecuentes en cualquier entrevista, y también una de las que más candidatos responden pobremente. No porque no tengan fortalezas, sino porque no saben cómo presentarlas de manera efectiva.

El error más común es dar una lista de adjetivos. "I'm very organized, responsible, and hardworking." Eso podría decirlo cualquier candidato en cualquier entrevista. No le dice nada específico al entrevistador sobre ti. Y lo más importante: no tiene ninguna evidencia que lo respalde.

Una respuesta efectiva sobre fortalezas sigue una estructura simple: nombra la fortaleza, conecta con el puesto al que aplicas, y respalda con un ejemplo concreto de cómo esa fortaleza se ha manifestado en tu trabajo. Ese último paso es el que transforma una afirmación genérica en evidencia real.

Cómo elegir qué fortaleza mencionar

No todas tus fortalezas son igualmente relevantes para todos los puestos. Antes de la entrevista, tómate el tiempo de revisar la descripción del puesto y preguntarte: ¿qué habilidades y características busca específicamente esta empresa? Esas son las fortalezas que debes priorizar en tu respuesta.

Por ejemplo, si estás aplicando para un puesto de ventas internacionales, hablar de tu capacidad para construir relaciones y comunicarte de manera persuasiva es más relevante que hablar de tu habilidad para el análisis de datos. Si aplicas para un puesto de gestión de proyectos, hablar de tu organización y tu capacidad para gestionar múltiples prioridades es más relevante que hablar de tu creatividad.

La relevancia es la clave. Un entrevistador impresionado siempre es aquel que escucha una fortaleza y piensa: "Eso es exactamente lo que necesitamos."

What are your greatest strengths?

¿Cuáles son tus principales fortalezas?

¿Qué evalúa el entrevistador? Autoconocimiento, relevancia para el puesto, capacidad de articular el valor propio con evidencia concreta.

✗ Respuesta débil — demasiado genérica

"I'm very organized and I work well under pressure. I'm also a team player and I learn quickly."

✓ Respuesta efectiva

"One of my greatest strengths is my ability to stay organized even when managing multiple priorities at once. In my previous role, I was responsible for coordinating three simultaneous projects across different teams. I developed a shared tracking system that gave everyone visibility into timelines and dependencies. We completed all three projects on time, and my manager specifically cited that system in my performance review. I also adapt quickly when priorities shift, which I think is especially important in fast-paced environments like this one."

¿Por qué funciona? Nombra una fortaleza concreta, la conecta con el tipo de puesto, la respalda con un ejemplo específico, incluye un resultado medible y termina conectando con el entorno de la empresa. Nada en esta respuesta podría decirlo cualquier candidato — es específicamente suya.

Fortalezas profesionales útiles y cómo expresarlas

A continuación tienes algunas fortalezas muy valoradas en entornos profesionales internacionales, con ideas sobre cómo presentarlas de manera efectiva en inglés:

Adaptabilidad. *"I adapt quickly to change and I'm comfortable working in environments where priorities shift frequently."* Respalda esta fortaleza con un ejemplo en que tuvieras que cambiar de dirección rápidamente y mantener la efectividad.

Comunicación. *"I communicate clearly both verbally and in writing, and I make sure that all stakeholders are aligned before moving forward."* Respalda con un ejemplo en que tu comunicación haya evitado un malentendido o facilitado un proyecto.

Resolución de problemas. *"When I face a problem, I tend to break it down into smaller parts and approach each one methodically."* Respalda con una situación en que hayas resuelto un problema complejo con un proceso claro.

· · ·

Orientación a resultados. *"I'm very goal-oriented and I always keep the end result in mind, even when dealing with day-to-day details."* Respalda con un ejemplo de logro medible.

Colaboración. *"I genuinely enjoy working with people from different backgrounds and I'm good at finding common ground."* Respalda con un proyecto en equipo que haya tenido resultados positivos gracias a tu aporte.

CÓMO HABLAR DE TUS DEBILIDADES

Esta es la pregunta que más pánico genera en los candidatos, y entendemos por qué. Se siente como una trampa: si dices algo demasiado grave, arruinas tu candidatura; si dices algo demasiado superficial, el entrevistador no te cree. ¿Cómo ganar?

La respuesta es que no se trata de ganar. Se trata de responder con honestidad y madurez. Y hay una manera muy clara de hacerlo.

La estructura de una buena respuesta sobre debilidades

Una respuesta efectiva sobre debilidades tiene tres partes. Primero, nombra una debilidad real. No una fortaleza disfrazada de debilidad, como "A veces soy demasiado perfeccionista", que el entrevistador ha escuchado miles de veces y sabe perfectamente que no es una respuesta honesta. Una debilidad real, aunque sea modesta.

Segundo, reconoce el impacto que esa debilidad ha tenido en tu trabajo. Esto demuestra que tienes autoconocimiento genuino, no solo que has memorizado una respuesta.

Tercero, explica qué estás haciendo activamente para mejorarla. Esa parte es la más importante porque convierte una debilidad en evidencia de orientación al crecimiento. Un candidato que trabaja en sus áreas de mejora es mucho más atractivo que uno que las niega o las minimiza.

✓ Debilidades aceptables	X Debilidades que evitar
Dificultad para delegar — trabajas en confiar más en el equipo	"Soy demasiado perfeccionista" (cliché, nadie lo cree)
Hablar en público — tomaste un curso y practicas regularmente	"Trabajo demasiado duro" (suena falso y evade la pregunta)
Impaciencia cuando los procesos son lentos — aprendes a enfocar lo que controlas	Una habilidad esencial para el puesto al que aplicas
Tendencia a decir sí a todo — trabajas en establecer límites sanos	Una debilidad que revele un problema de actitud o valores
Dificultad con herramientas técnicas específicas — estás aprendiendo activamente	"No tengo debilidades" (genera desconfianza inmediata)
Falta de experiencia en liderazgo formal — buscas activamente oportunidades para desarrollarla	Una debilidad sin ningún plan de mejora asociado

What is your greatest weakness?

¿Cuál es tu mayor debilidad?

¿Qué evalúa el entrevistador? Honestidad, autoconocimiento, orientación al crecimiento y capacidad de manejar temas incómodos con madurez.

✗ Respuesta débil — cliché y sin evidencia real

"I think I'm a perfectionist. Sometimes I spend too much time making things perfect. But I'm working on it."

✓ Respuesta efectiva

"One area I've been actively working on is public speaking. Earlier in my career, I avoided opportunities to present because I felt very uncomfortable doing it. I realized that was limiting my professional growth, so I joined a communication workshop at my company and started volunteering to lead team meetings and short presentations. It's still not the part of the job I feel most natural doing, but I've improved significantly and I've received positive feedback on my last two formal presentations. I continue to practice regularly."

¿Por qué funciona? Nombra una debilidad real con impacto real. Explica cómo lo reconoció, qué hizo al respecto con acciones concretas y cómo ha mejorado. Termina con una nota de honestidad que dice que sigue trabajando en ello. Eso es exactamente lo que demuestra madurez profesional.

CÓMO HABLAR DE TUS LOGROS

Hablar de los propios logros es sorprendentemente difícil para muchas personas. Hay quienes minimizan sus éxitos porque les parece que presumir es incómodo. Hay quienes no saben cómo cuantificar o articular lo que lograron. Y hay quienes simplemente no saben en qué parte de la entrevista es apropiado mencionar un logro sin que suene forzado.

Lo primero que necesitas entender es que en una entrevista, hablar de tus logros no es presumir: es dar información. El entrevistador necesita evidencia de que puedes hacer el trabajo bien. Tus logros son esa evidencia. Si no los comunicas, no existen para él.

Qué hace que un logro suene convincente

Un logro bien presentado tiene tres elementos: una acción que tú tomaste específicamente, un resultado concreto que se produjo como consecuencia de esa acción, y si es posible, un dato o número que cuantifique ese resultado.

La cuantificación no siempre es posible, pero cuando lo es, transforma completamente la credibilidad de la respuesta. "Mejoré la eficiencia del proceso" es una afirmación. "Reduje el tiempo del proceso en un 25% en tres meses" es evidencia. No necesitas siempre un porcentaje perfecto: "reducir el tiempo a la mitad", "aumentar la satisfacción del cliente de manera significativa", "entregar antes del plazo previsto" son todos resultados concretos aunque no sean números exactos.

What is your greatest professional achievement?

¿Cuál es tu mayor logro profesional?

¿Qué evalúa el entrevistador? Capacidad de articular el valor creado, orientación a resultados, orgullo profesional saludable.

✓ Respuesta modelo

"One achievement I'm particularly proud of was redesigning the customer onboarding process at my previous company. The original process took an average of ten days and had a 20% drop-off rate, meaning one in five new clients didn't complete the setup. I analyzed the friction points, simplified the steps, created short tutorial videos for the most confusing parts, and worked with the support team to introduce a check-in call at day three. Six months after implementation, the average onboarding time had dropped to six days and the drop-off rate was down to 7%. That improvement also contributed to a 15% increase in first-year client retention."

¿Por qué funciona? Esta respuesta tiene todo lo que convierte un logro en evidencia: describe un problema real, explica las acciones específicas que se tomaron, y cuantifica los resultados con datos concretos. El entrevistador puede visualizar exactamente lo que el candidato hizo y el impacto que tuvo.

Tipos de logros que puedes mencionar

No todos los logros tienen que ser espectaculares ni haber cambiado el destino de la empresa. Los entrevistadores valoran logros de todos los tamaños, siempre que estén bien articulados y sean relevantes para el puesto. Aquí hay algunos tipos de logros que puedes preparar:

Mejoras de proceso. ¿Encontraste una manera más eficiente de hacer algo que antes tomaba más tiempo o recursos? Eso es un logro.

Resultados de equipo. ¿Lideraste o contribuiste a un proyecto que entregó resultados por encima de lo esperado? ¿Cuál fue tu rol específico?

Resolución de problemas críticos. ¿Resolviste un problema urgente que tenía impacto negativo en el negocio o en los clientes? ¿Cómo lo hiciste y cuál fue el resultado?

Aprendizaje y aplicación rápida. ¿Aprendiste una habilidad nueva más rápido de lo esperado y la aplicaste para generar valor? Ese proceso también es un logro.

Iniciativa propia. ¿Identificaste una oportunidad o un problema sin que nadie te lo pidiera y tomaste acción? La iniciativa es uno de los atributos más valorados en equipos de alto rendimiento.

CÓMO HABLAR DE ERRORES Y FRACASOS

Esta sección requiere un poco más de cuidado porque la pregunta sobre errores o fracasos toca áreas de vulnerabilidad real. Pero también es, cuando se responde bien, una de las oportunidades más poderosas para demostrar madurez, honestidad y capacidad de aprendizaje.

Los entrevistadores hacen esta pregunta precisamente porque saben que las personas imperfectas aprenden. Que los errores, cuando se procesan con responsabilidad, generan crecimiento. Y que alguien que puede hablar de sus fracasos con calma y sin dramatismo es alguien con quien va a ser fácil trabajar cuando las cosas no salgan como se planeaba.

Qué hace que una respuesta sobre errores sea efectiva

Una buena respuesta sobre un error o fracaso sigue una estructura de cuatro partes. Primera: describe el error o fracaso de manera honesta y sin exceso de dramatismo. Segunda: explica qué factores contribuyeron a ese resultado, sin buscar excusas ni culpar a otros. Tercera: describe qué aprendiste de esa experiencia. Cuarta: explica qué haces diferente ahora como resultado de ese aprendizaje.

Esa cuarta parte es fundamental. Es la que convierte el fracaso en evidencia de crecimiento. Sin ella, la historia queda en el error. Con ella, termina en el aprendizaje.

Tell me about a time you made a mistake at work.

Cuéntame sobre una vez que cometiste un error en el trabajo.

¿Qué evalúa el entrevistador? Honestidad, responsabilidad personal, capacidad de aprender y madurez profesional.

✗ Respuesta débil — sin aprendizaje ni responsabilidad clara

"Once I made a big mistake in a report and my manager was very upset. I felt terrible. It was a very difficult situation."

✓ Asume responsabilidad sin dramatismo, explica el error con honestidad, describe el aprendizaje concreto y muestra que cambió su comportamiento de manera duradera. Termina con un giro positivo que demuestra que incluso convirtió el error en algo útil para otros.

"Early in my career, I sent a financial report to a client before my manager had reviewed it. I had misread the workflow and assumed the approval step was optional. The report contained an error in one of the projections, and the client called us before we even realized the issue. My manager had to manage the situation and we had to issue a correction. I was embarrassed, but I used that experience to completely change how I handle document workflows. I now always confirm review processes in writing before sending anything externally, and I've made it a habit to build buffer time into any deadline that involves external communication. Since then, I haven't had a similar issue, and I've actually helped two new team members avoid the same mistake by sharing that experience with them during onboarding."

¿Por qué funciona?

CÓMO RESPONDER "¿POR QUÉ QUIERES ESTE TRABAJO?" Y "¿POR QUÉ DEBERÍAMOS CONTRATARTE?"

Estas dos preguntas son las más estratégicas de toda la entrevista. Son el momento en que el candidato tiene la oportunidad de hacer su argumento más convincente para por qué él o ella es la persona correcta para el puesto.

Y sin embargo, son las que más candidatos responden de manera genérica, vaga y poco memorable. "I want this job because it's a great opportunity and I think I can contribute a lot." Eso podría decirlo cualquier persona que postule a cualquier puesto en cualquier empresa del mundo.

Una respuesta efectiva para estas preguntas hace tres cosas de manera simultánea: conecta las fortalezas del candidato con las necesidades específicas del puesto, demuestra conocimiento genuino de la empresa y el sector, y articula de manera clara cómo esta oportunidad encaja con los objetivos profesionales del candidato. Cuando esas tres cosas convergen en la misma respuesta, el resultado es poderoso.

Why do you want this job? / Why should we hire you?

¿Por qué quieres este trabajo? / ¿Por qué deberíamos contratarte?

¿Qué evalúa el entrevistador? Motivación genuina, conocimiento de la empresa, alineación entre experiencia y necesidades del puesto, visión profesional clara.

✓ Respuesta modelo

"I'm drawn to this role for a few specific reasons. First, the work itself is very aligned with what I do best: coordinating cross-functional teams and translating strategic goals into operational plans. In my current role, I do exactly that for a team of twelve people across three time zones, so I know I can hit the ground running. Second, I've been following your company's expansion into the Latin American market closely, and I'm particularly excited about the challenge of building systems that can scale across different cultural and regulatory contexts — that's something I've done before and find genuinely energizing. Finally, I want to be part of a company that's growing rather than one that's maintaining, and everything I've seen about your trajectory in the past two years tells me this is that kind of place. I believe I can make a meaningful contribution here from day one and grow with the company long-term."

¿Por qué funciona? Esta respuesta hace exactamente lo que necesita hacer: conecta las fortalezas concretas del candidato con el puesto, demuestra que investigó la empresa con detalle específico, articula por qué ese ambiente específico es el correcto para él, y termina con una declaración de intención de largo plazo que es convincente porque está respaldada por razones concretas.

Cómo preparar tu respuesta para estas preguntas

Antes de cada entrevista, tómate quince minutos para hacer esta investigación básica: lee la descripción del puesto en detalle, visita el sitio web de la empresa y lee sobre su historia, misión y proyectos recientes, busca noticias recientes de la empresa o del sector, y si puedes, revisa las redes profesionales de personas que trabajan ahí.

Con esa información, puedes construir una respuesta que mencione algo específico y real sobre la empresa, en lugar de frases genéricas que cualquiera podría decir. Esa especificidad es lo que hace que una respuesta sea memorable.

LOS ERRORES MÁS COMUNES EN LAS PREGUNTAS DIFÍCILES

Ahora que conoces la estructura y el contenido de respuestas efectivas, hablemos de los errores más frecuentes para que puedas evitarlos activamente:

⬤ Respuestas demasiado genéricas

El error más frecuente y también el más costoso. Respuestas que podrían aplicar a cualquier candidato para cualquier puesto: "I'm a hard worker", "I'm a team player", "I want to grow professionally." Ninguna de esas frases le dice nada concreto al entrevistador. Siempre ancla tus respuestas en ejemplos específicos de tu experiencia real.

⬤ Ser demasiado negativo o hablar sin estructura del error

Cuando hablas de debilidades o errores, hay un riesgo real de ir demasiado lejos en la dirección contraria y sonar excesivamente autocrítico. Una debilidad admitida con exceso de dramatismo, o un error narrado con demasiado énfasis en el impacto negativo, puede preocupar al entrevistador más de lo necesario. Mantén el tono equilibrado: honesto pero no catastrófico.

⬤ Hablar demasiado o demasiado poco

Las respuestas a las preguntas difíciles tienen una longitud ideal de entre uno y dos minutos cuando se dicen en voz alta. Demasiado corto y parece que no tienes nada que decir o que estás evitando la pregunta. Demasiado largo y el entrevistador pierde el hilo y el interés. Practica tu respuesta en voz alta y mide el tiempo para calibrar.

⬤ Sonar memorizado

Hay una diferencia fina pero perceptible entre una respuesta preparada y una respuesta memorizada. La preparada suena reflexiva, como si el candidato estuviera pensando mientras habla. La memorizada suena como un texto recitado, con un ritmo mecánico que rompería si el entrevistador interrumpiera con una pregunta de seguimiento. Prepara la estructura y las ideas, no el texto exacto.

⬤ Elegir ejemplos que no conectan con el puesto

Una respuesta sobre fortalezas con un ejemplo de tu vida personal, o sobre logros con un ejemplo de un trabajo de hace diez años en un sector completamente diferente, puede perder relevancia rápidamente. Siempre que sea posible, usa ejemplos de tu experiencia más reciente y más relacionada con el tipo de trabajo para el que estás aplicando.

✦ Después de practicar una respuesta en voz alta, hazte esta pregunta: ¿podría cualquier otro candidato decir exactamente lo mismo? Si la respuesta es sí, necesitas añadir más especificidad. Tus historias personales son lo que te hace único o única.

FRASES ÚTILES PARA RESPONDER PREGUNTAS DIFÍCILES

A continuación tienes un conjunto de frases que puedes adaptar y usar en tus respuestas. No para memorizarlas textualmente, sino para tener ese lenguaje disponible cuando lo necesites:

Para hablar de fortalezas

"One of my main strengths is..." → Una de mis principales fortalezas es...

"I believe I'm especially good at..." → Creo que soy especialmente bueno/a en...

"A good example of this is when I..." → Un buen ejemplo de esto es cuando yo...

"This strength has helped me to..." → Esta fortaleza me ha ayudado a...

"I've consistently received feedback that..." → Constantemente he recibido retroalimentación de que...

Para hablar de debilidades

"One area I've been actively working on is..." → Un área en la que he estado trabajando activamente es...

"In the past, I noticed that I..." → En el pasado, noté que yo...

"I recognized this as something to improve when..." → Reconocí esto como algo a mejorar cuando...

"I've been improving this by..." → He estado mejorando esto a través de...

"I've made significant progress, although I continue to work on it." → He progresado significativamente, aunque sigo trabajando en ello.

Para hablar de logros

"One achievement I'm particularly proud of is..." → Un logro del que estoy especialmente orgulloso/a es...

"I was responsible for..." → Fui responsable de...

"As a result of my actions..." → Como resultado de mis acciones...

"This led to a significant improvement in..." → Esto llevó a una mejora significativa en...

"The impact was..." → El impacto fue...

Para hablar de errores y aprendizajes

"One thing I learned from that experience was..." → Una cosa que aprendí de esa experiencia fue...

"Looking back, I realized that..." → Mirando atrás, me di cuenta de que...

"I take full responsibility for..." → Asumo toda la responsabilidad por...

"Since then, I've changed my approach by..." → Desde entonces, he cambiado mi enfoque al...

"That experience helped me become more..." → Esa experiencia me ayudó a ser más...

Para responder '¿Por qué deberían contratarte?'

"I believe I bring a unique combination of..." → Creo que aporto una combinación única de...

"I'm particularly drawn to this role because..." → Me atrae especialmente este puesto porque...

"Based on what I've learned about your company..." → Basándome en lo que he aprendido sobre su empresa...

"I've done this before and I know I can..." → He hecho esto antes y sé que puedo...

"I'm confident that my experience in... would allow me to..." → Estoy seguro/a de que mi experiencia en... me permitiría...

LA CONFIANZA NO VIENE DE LA PERFECCIÓN

Queremos cerrar este capítulo con una idea que resume todo lo que hemos trabajado: la confianza en una entrevista no viene de tener respuestas perfectas. Viene de estar preparado.

La diferencia entre un candidato que entra al Zoom con nervios paralizantes y uno que entra con calma y seguridad no suele ser que el segundo tenga más experiencia, más inglés o más talento. La diferencia es que el segundo se preparó específicamente para ese momento. Practicó sus respuestas. Pensó con anticipación en los ejemplos que iba a usar. Conoce la estructura de sus respuestas. Sabe qué frases usar cuando necesita ganar tiempo o pedir una aclaración.

Esa preparación específica es exactamente lo que estás construyendo en este libro. Y las preguntas difíciles que trabajamos en este capítulo, las de fortalezas, debilidades, logros, errores y motivación, son algunas de las más predecibles de toda la entrevista. Puedes prepararte para ellas mucho antes de que te las hagan.

Hazlo. Escribe tus respuestas. Practica en voz alta. Grábate. Ajusta. Practica de nuevo. Y cuando esas preguntas lleguen en la entrevista real, vas a sentir algo que quizás nunca has sentido antes en ese contexto: que estás listo o lista.

Este libro incluye materiales de audio donde puedes escuchar versiones naturales de estas respuestas, incluyendo ejemplos de cómo sonar reflexivo y auténtico en inglés, simulaciones de seguimiento de preguntas y práctica de pronunciación para el vocabulario profesional más importante de este capítulo. Escucha, repite y compara tu versión con los modelos.

EL PRÓXIMO PASO: VOCABULARIO Y FRASES MÁS PROFESIONALES

En los capítulos anteriores has trabajado la estructura de tus respuestas, las preguntas más comunes y ahora las preguntas más difíciles. Tienes el mapa completo del territorio de una entrevista en inglés.

El siguiente nivel es el vocabulario. No para hacer tus respuestas más complicadas, sino para hacerlas más precisas, más profesionales y más fluidas. Hay palabras y expresiones que aparecen constantemente en entrevistas de empresas internacionales, que los candidatos más efectivos usan con naturalidad y que hacen que sus respuestas suenen más sólidas.

En el próximo capítulo vamos a trabajar exactamente con ese vocabulario: las palabras de acción más poderosas para describir lo que hiciste, las expresiones profesionales que elevan el tono de tus respuestas, y las frases que te ayudan a conectar ideas con claridad y fluidez.

Con esas herramientas sumadas a lo que ya tienes, vas a estar en una posición muy sólida para cualquier entrevista que se presente.

EJERCICIOS DE PRÁCTICA DEL CAPÍTULO 4

Las preguntas difíciles se vuelven manejables cuando las practicas antes de que lleguen. Estos ejercicios están diseñados para ayudarte a preparar respuestas honestas, estructuradas y confiadas para los momentos más exigentes de una entrevista en inglés.

Trabaja en cada ejercicio con calma y con honestidad. No busques respuestas perfectas: busca respuestas tuyas, con evidencia real de tu experiencia. Después de escribir, practica decirlas en voz alta. Esa combinación, escritura más práctica oral, es la que transforma la preparación en confianza real.

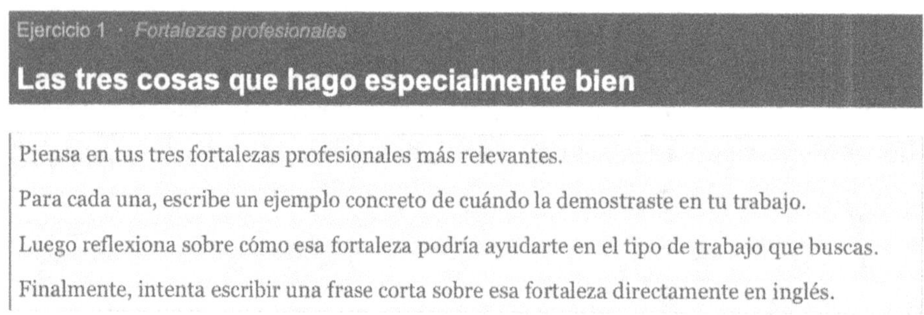

Hablar de tus fortalezas con claridad y con evidencia es una de las habilidades más importantes en cualquier entrevista. Este ejercicio te ayuda a preparar ese material con anticipación, para que en el momento de la pregunta no tengas que pensar en qué decir, solo en cómo expresarlo.

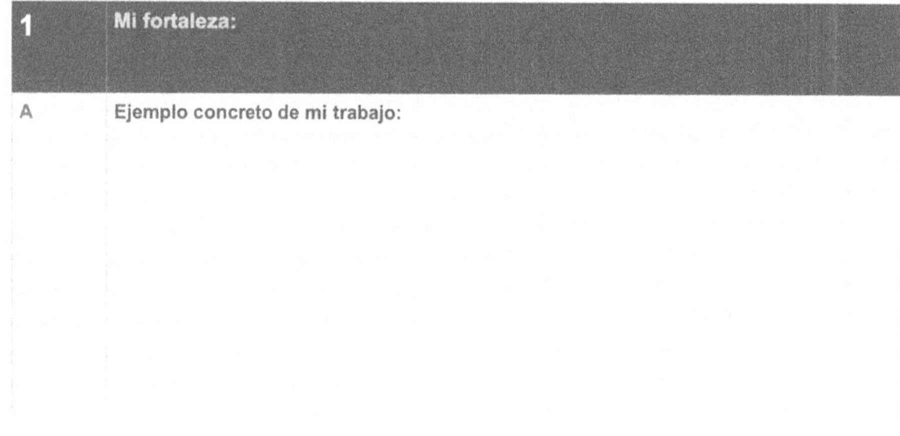

B   ¿Cómo ayudaría esta fortaleza en una entrevista o en el puesto?

EN   Intenta escribir una frase sobre esta fortaleza en inglés:

2	Mi fortaleza:

A   Ejemplo concreto de mi trabajo:

B   ¿Cómo ayudaría esta fortaleza en una entrevista o en el puesto?

EN   Intenta escribir una frase sobre esta fortaleza en inglés:

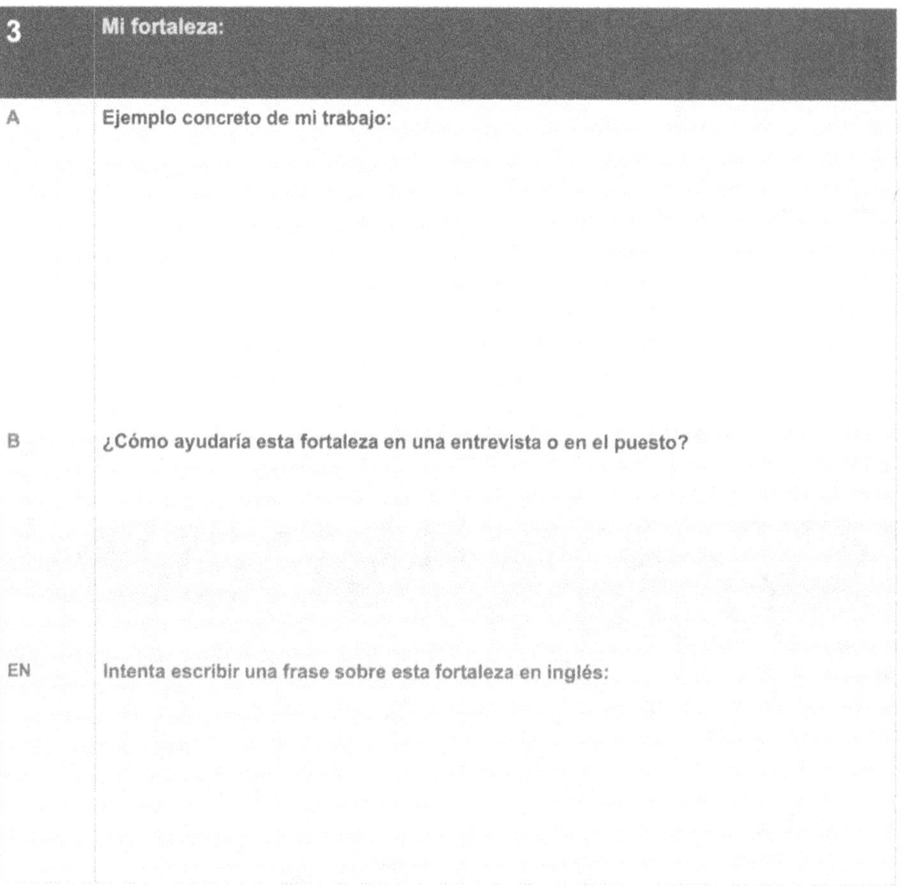

Ahora escribe una respuesta completa a la pregunta "What are your greatest strengths?" usando las tres fortalezas anteriores. Escríbela en inglés:

Practica en voz alta: Lee tu respuesta en voz alta tres veces: la primera siguiendo el texto, la segunda a ritmo natural, la tercera intentando decirla sin leer. ¿Cuál de tus tres fortalezas sale con más fluidez? Esa es tu fortaleza ancla — la que siempre puedes usar como punto de partida.

◆ Una fortaleza bien presentada siempre tiene tres partes: el nombre de la fortaleza, un ejemplo concreto de tu trabajo y el resultado que ese ejemplo produjo. Si te falta alguna de las tres, tu respuesta necesita más desarrollo.

Cómo hablar de mis áreas de mejora con madurez

Elige una debilidad real pero manejable — algo que genuinamente estés trabajando en mejorar.

Evita las respuestas cliché como 'soy demasiado perfeccionista' — busca algo honesto.

Completa cada sección con detalles específicos: cuándo la notaste, qué impacto tuvo, qué haces ahora.

Al final, construye tu respuesta completa en inglés.

La pregunta sobre debilidades no es una trampa: es una oportunidad para demostrar autoconocimiento y orientación al crecimiento. La clave está en elegir una debilidad que sea real pero que no destruya tu credibilidad para el puesto, y en mostrar claramente qué estás haciendo para mejorarla.

La debilidad que elegiré mencionar:

¿Qué área de tu trabajo o comportamiento profesional has identificado como algo a mejorar?

¿Cómo o cuándo notaste que era un área de mejora?

¿Hubo una situación específica que te hizo ver el impacto de esta debilidad en tu trabajo?

¿Qué estás haciendo actualmente para mejorarla?

Sé específico: ¿tomaste un curso? ¿cambiaste un hábito? ¿pediste retroalimentación? ¿usas alguna herramienta nueva?

¿Cómo ha mejorado la situación desde que empezaste a trabajar en ello?

¿Hay evidencia de progreso, aunque sea parcial? Esto cierra tu respuesta con una nota de crecimiento.

Ahora escribe tu respuesta completa a la pregunta "What is your greatest weakness?" en inglés, uniendo todo lo anterior de manera fluida:

Practica en voz alta: Esta respuesta necesita sonar reflexiva, no memorizada. Practica diciéndola en voz alta y presta atención al tono: ¿suena honesto? ¿suena como alguien que se conoce a sí mismo y está creciendo? Si algo suena forzado, ajusta las palabras hasta que se sienta natural.

✦ La parte más importante de tu respuesta sobre debilidades no es la debilidad en sí — es lo que estás haciendo para mejorarla. Esa parte le dice al entrevistador que eres alguien que aprende y que toma iniciativa. Nunca la omitas.

Ejercicio 3 · *Un logro profesional*

Lo que hice y el resultado que produjo

Piensa en un logro profesional, académico o de cualquier proyecto que hayas liderado o al que hayas contribuido.

No necesita ser algo extraordinario — puede ser una mejora de proceso, un proyecto entregado a tiempo o un problema que resolviste.

Completa cada sección con detalles concretos. Incluye datos o números si los tienes.

Luego convierte esas ideas en una respuesta clara en inglés.

Muchas personas minimizan sus logros porque no les parecen suficientemente impresionantes. Pero un logro bien articulado, con acciones concretas y un resultado claro, siempre impresiona más que uno que suena grande pero vago. Este ejercicio te ayuda a encontrar el valor en tu propia experiencia y a expresarlo de manera profesional.

El logro que voy a describir:

¿Qué lograste? ¿En qué contexto ocurrió? ¿Cuándo fue?

¿Cuál era el problema o la oportunidad que enfrentabas?

¿Qué hacía que esa situación fuera un desafío o por qué era importante resolverla?

¿Qué hiciste tú específicamente? (Acciones concretas, paso a paso)

Usa verbos de acción: organicé, coordiné, diseñé, propuse, implementé, lideré, reduje, mejoré...

¿Cuál fue el resultado? ¿Tienes datos o evidencia del impacto?

Ejemplo: se redujo el tiempo en X%, el cliente quedó satisfecho, se entregó antes del plazo, mejoró la retención en Y%...

Ahora escribe tu respuesta completa en inglés a la pregunta "What is your greatest professional achievement?" usando lo que escribiste arriba:

Practica en voz alta: Lee tu respuesta en voz alta y mide el tiempo aproximado. Una buena respuesta sobre un logro dura entre 60 y 90 segundos cuando se dice a ritmo natural. Si es más corta, necesita más detalle. Si es más larga, identifica qué información no es esencial y redúcela.

✦ Si tienes datos concretos, úsalos. 'Reduje el tiempo del proceso en un 30%' es mucho más convincente que 'mejoré el proceso significativamente'. Los números, aunque sean aproximados, añaden credibilidad inmediata a cualquier logro.

Piensa en un error, dificultad o situación que no salió como esperabas en tu trabajo o estudios.

Responde cada sección con honestidad y sin dramatismo.

El foco no está en el error en sí — está en lo que aprendiste y en cómo cambiaste.

Sé honesto o honesta: esa honestidad es exactamente lo que el entrevistador valora.

Hablar de un error con madurez es una de las respuestas más poderosas que puedes dar en una entrevista. Le demuestra al entrevistador que no huyes de los momentos difíciles, que aprendes de ellos y que eres alguien con quien es fácil trabajar cuando las cosas no salen perfectas. Este ejercicio te ayuda a preparar esa respuesta de manera reflexiva, sin que te tome por sorpresa en la entrevista.

¿Qué ocurrió? Describe el error o la situación difícil:

Sé específico pero conciso. No necesitas todos los detalles — solo el contexto esencial.

¿Qué factores contribuyeron al error? (Sin buscar excusas)

¿Qué podrías haber hecho diferente? ¿Qué información te faltaba? ¿Qué decisión resultó equivocada?

¿Qué aprendiste de esa experiencia?

¿Qué entendiste sobre tu trabajo, tu proceso o ti mismo/misma después de ese error?

¿Qué haces diferente ahora gracias a ese aprendizaje?

Esta es la parte más importante: muestra que el error generó un cambio real y duradero en tu comportamiento.

Ahora escribe tu respuesta completa en inglés a la pregunta "Tell me about a time you made a mistake at work". Une las cuatro partes de manera fluida:

Practica en voz alta: Practica esta respuesta en voz alta con especial atención al tono. Debe sonar reflexivo y maduro, no defensivo ni angustiado. Si notas que alguna parte suena demasiado cargada emocionalmente, ajusta las palabras para mantener un tono profesional y equilibrado.

La fortaleza de esta respuesta no está en el error — está en el aprendizaje y en el cambio de comportamiento. Cuanto más específico y concreto sea lo que haces diferente ahora, más poderosa será tu respuesta. Esa parte final es lo que te convierte en un candidato que crece.

Ejercicio 5 · *Simulación completa*

Las cinco preguntas más difíciles, respondidas

Lee cada pregunta como si estuvieras en una entrevista real.

Escribe tu respuesta usando lo que aprendiste en el capítulo y en los ejercicios anteriores.

Puedes usar material de los ejercicios 1 al 4 como base — ya tienes mucho preparado.

Después de escribir, practica decir cada respuesta en voz alta. Grábate si puedes.

Este ejercicio reúne las cinco preguntas más difíciles en un solo formato de práctica. Ya tienes el material — lo construiste en los ejercicios anteriores. Ahora lo que necesitas es el flujo: responder cada pregunta en inglés de manera clara, honesta y con la estructura correcta.

No copies tus respuestas de los ejercicios anteriores de manera mecánica. Úsalas como referencia, pero escribe cada respuesta aquí de manera que fluya como una conversación real. Esa pequeña diferencia es la que separa un candidato que parece preparado de uno que parece que está leyendo de un papel.

P1   What are your greatest strengths?
¿Cuáles son tus principales fortalezas?

Recuerda: Elige una o dos fortalezas relevantes, respalda cada una con un ejemplo concreto y menciona el resultado que produjo.

P2   What is your greatest weakness?
¿Cuál es tu mayor debilidad?

Recuerda: Nombra una debilidad real, reconoce su impacto y describe qué estás haciendo para mejorarla. Termina con evidencia de progreso.

P3   Tell me about a professional achievement you are proud of.
Cuéntame sobre un logro profesional del que estés orgulloso o orgullosa.

Recuerda: Describe la situación, las acciones concretas que tomaste y el resultado cuantificable o tangible que obtuviste.

P4   Tell me about a time you made a mistake or faced a failure.
Cuéntame sobre una vez que cometiste un error o enfrentaste un fracaso.

Recuerda: Describe el error con honestidad, explica qué aprendiste y muestra concretamente qué haces diferente ahora.

P5   Why should we hire you?
¿Por qué deberíamos contratarte?

Recuerda: Conecta tus fortalezas con el puesto, demuestra conocimiento de la empresa y explica cómo puedes contribuir desde el primer día.

Practica en voz alta: Grábate respondiendo las cinco preguntas en orden, como si fuera una sección completa de una entrevista real. Deja dos o tres segundos entre cada respuesta. Escúchate después: ¿las respuestas suenan claras, honestas y organizadas? ¿Hay alguna que necesite más práctica? Repite esa hasta que se sienta fluida.

No necesitas respuestas perfectas. Necesitas respuestas tuyas: honestas, bien organizadas y expresadas con calma. Cada vez que practiques estas cinco preguntas, van a salir con más naturalidad. La seguridad no llega de golpe — llega con cada repetición.

CADA RESPUESTA QUE PRACTICAS TE HACE MÁS FUERTE.

Completar estos ejercicios significa que ya tienes respuestas preparadas para las preguntas que más generan ansiedad en cualquier entrevista. Eso es una ventaja enorme. La mayoría de los candidatos llega sin haberlas pensado con anticipación. Tú no.

En el próximo capítulo vamos a trabajar con el vocabulario y las expresiones que van a elevar la calidad de todas tus respuestas: palabras de acción más poderosas, expresiones profesionales que añaden precisión y frases de transición que hacen que tu inglés fluya con más naturalidad en cualquier conversación de trabajo.

CAPÍTULO 5

VOCABULARIO Y FRASES CLAVE PARA SONAR MÁS PROFESIONAL EN INGLÉS

Hay un momento muy específico que casi todos los candidatos han vivido. Están en la entrevista, el entrevistador acaba de hacer una pregunta, y ellos saben exactamente qué quieren decir. Tienen la idea, tienen el ejemplo, tienen la respuesta completa en la cabeza. Pero cuando abren la boca, lo que sale no refleja nada de eso. Las palabras que conocen no parecen suficientes. El inglés que tienen se siente demasiado básico para lo que quieren expresar.

Ese momento de frustración no es una señal de que tu inglés es malo. Es una señal de que tus ideas son más ricas que tu vocabulario activo en inglés en ese momento. Y eso es algo que se puede cambiar.

En este capítulo vamos a trabajar específicamente con el vocabulario y las expresiones que necesitas para una entrevista de trabajo profesional. No gramática avanzada, no vocabulario académico. Palabras y frases concretas, organizadas por tema y función, con ejemplos directamente aplicables a situaciones reales de entrevista. El tipo de lenguaje que transforma una respuesta buena en una respuesta convincente.

POR QUÉ EL VOCABULARIO MARCA LA DIFERENCIA

Imagina dos candidatos con exactamente la misma experiencia profesional. Ambos trabajaron durante tres años como coordinadores de proyectos en empresas de tecnología. Ambos lograron resultados similares. Ambos tienen el mismo nivel de inglés en términos de gramática básica. La diferencia está en cómo describen esa experiencia.

El primero dice: "I worked in a company for three years. I did many things there. We had projects and I helped with them. Everything was good."

El segundo dice: "In my previous role as project coordinator, I managed cross-functional teams across multiple simultaneous initiatives. I was responsible for tracking deadlines, communicating progress to stakeholders, and ensuring deliverables met quality standards consistently."

¿Cuál de los dos le da más confianza al entrevistador? El segundo, claramente. Y no porque haya hecho más cosas que el primero. Sino porque sabe cómo describir su trabajo con el vocabulario correcto.

El vocabulario profesional tiene tres efectos simultáneos en la percepción del entrevistador: hace que el candidato suene más preparado, hace que sus logros parezcan más significativos, y genera la impresión de que esa persona puede comunicarse de manera efectiva en un entorno de trabajo en inglés. Esos tres efectos juntos pueden ser decisivos.

> ✦ No necesitas vocabulario avanzado ni complicado. Necesitas el vocabulario correcto para describir lo que hiciste. Hay una gran diferencia entre las dos cosas, y este capítulo te ayuda exactamente con eso.

DE INGLÉS BÁSICO A INGLÉS PROFESIONAL: LA DIFERENCIA EN LA PRÁCTICA

Antes de entrar a los temas de vocabulario, veamos algunos ejemplos concretos de cómo el mismo mensaje cambia completamente cuando se expresa con el vocabulario adecuado. Esto no se trata de hacer el inglés más complicado: se trata de hacerlo más preciso, más profesional y más convincente.

Describiendo tu rol en un equipo

Versión básica

"I worked with other people in my team and we did the project together."

Versión profesional

"I collaborated closely with a cross-functional team to deliver the project on time and within budget."

¿Por qué suena mejor? La segunda versión usa verbos profesionales (collaborated, deliver), especifica el tipo de equipo (cross-functional) y añade criterios de éxito concretos (on time, within budget). El mensaje es el mismo, pero el impacto es completamente diferente.

Describiendo tu responsabilidad

Versión básica

"I was in charge of talking to clients and making sure everything was okay."

Versión profesional

"I was responsible for managing client relationships, ensuring satisfaction, and resolving any issues that arose during the project lifecycle."

¿Por qué suena mejor? La segunda versión usa la estructura 'I was responsible for + gerundio' que es el estándar profesional en inglés para describir responsabilidades. Nombra acciones específicas (managing, ensuring, resolving) en lugar de descripciones vagas (talking, making sure everything was okay).

Describiendo un logro

Versión básica

"We made the process better and it was faster."

Versión profesional

"I streamlined the onboarding process, which reduced the average completion time by 35% over the following quarter."

¿Por qué suena mejor? La segunda versión usa un verbo de acción preciso (streamlined), describe el objeto de mejora con especificidad (the onboarding process), y cuantifica el resultado con datos concretos. La primera versión podría significar cualquier cosa; la segunda es inequívoca.

VOCABULARIO ESENCIAL PARA DESCRIBIR TU EXPERIENCIA LABORAL

A continuación tienes grupos de vocabulario organizados por tema, con el significado en español y un ejemplo de cómo usarlos en contexto de entrevista. Estos son los términos que aparecen con más frecuencia en entrevistas de trabajo internacionales.

⬤ **Roles y responsabilidades**

Palabra / Frase	Significado	Ejemplo en entrevista
I was responsible for	*Fui responsable de / Estaba a cargo de*	*I was responsible for managing a team of eight sales representatives.*
I reported to	*Reportaba a / dependía de*	*I reported directly to the regional director.*
I oversaw	*Supervisé / fui responsable de*	*I oversaw the implementation of the new customer portal.*
I was in charge of	*Estaba a cargo de*	*I was in charge of coordinating all client onboarding activities.*
I handled	*Manejé / me encargué de*	*I handled all incoming client inquiries and escalation requests.*
I supported	*Apoyé / di soporte a*	*I supported the finance team during the annual audit process.*
I collaborated with	*Colaboré con*	*I collaborated with the design and engineering teams on product launches.*

⬤ Proyectos y resultados

Palabra / Frase	Significado	Ejemplo en entrevista
I delivered	*Entregué / completé*	*I delivered the project two weeks ahead of the original deadline.*
I implemented	*Implementé / puse en práctica*	*I implemented a new tracking system that improved visibility across teams.*
I developed	*Desarrollé / creé*	*I developed a training program for new customer service agents.*
I streamlined	*Optimicé / simplifiqué*	*I streamlined the approval workflow, reducing processing time by 40%.*
I improved	*Mejoré / optimicé*	*I improved client retention by introducing a proactive follow-up process.*
I achieved	*Logré / alcancé*	*I achieved all quarterly targets for three consecutive years.*
I reduced	*Reduje / disminuí*	*I reduced operational costs by renegotiating vendor contracts.*
I increased	*Aumenté / incrementé*	*I increased team productivity by introducing weekly alignment meetings.*

⬤ Trabajo en equipo y comunicación

Palabra / Frase	Significado	Ejemplo en entrevista
cross-functional team	*Equipo multidisciplinario*	*I worked with a cross-functional team across marketing, sales, and operations.*
stakeholders	*Partes interesadas / involucradas*	*I communicated progress updates regularly to all key stakeholders.*
alignment	*Alineación / acuerdo entre equipos*	*We held weekly calls to ensure alignment between the product and sales teams.*
feedback	*Retroalimentación / comentarios*	*I actively sought feedback from my team to identify areas for improvement.*
escalate	*Escalar / elevar a un nivel superior*	*I knew when to escalate issues to management before they became critical.*
coordinate	*Coordinar*	*I coordinated between three departments to ensure a smooth product launch.*
point of contact	*Contacto principal / enlace*	*I served as the main point of contact for all client communications.*

Plazos, presión y gestión del tiempo

Palabra / Frase	Significado	Ejemplo en entrevista
deadline	*Fecha límite / plazo de entrega*	*I consistently met all project deadlines, even under significant pressure.*
tight timeline	*Plazo ajustado / tiempo muy limitado*	*We were working under a tight timeline with very limited resources.*
prioritize	*Priorizar / dar prioridad a*	*I had to prioritize tasks carefully when two urgent requests came in simultaneously.*
workload	*Carga de trabajo*	*I managed a high workload efficiently by using project management tools.*
under pressure	*Bajo presión*	*I perform well under pressure because I break tasks into clear, manageable steps.*
multitask	*Hacer múltiples tareas / gestionar varias responsabilidades*	*I was able to multitask effectively by keeping a shared priority list with my manager.*

Vocabulario para describir habilidades y fortalezas

Tener las palabras correctas para describir tus habilidades es tan importante como tener las palabras correctas para describir tus responsabilidades. Estas son las expresiones más efectivas para presentar tus competencias profesionales en inglés:

Palabra / Frase	Significado	Ejemplo en entrevista
detail-oriented	*Orientado/a al detalle*	*I'm very detail-oriented — I always review my work before submitting it.*
results-driven	*Orientado/a a resultados*	*I'm results-driven and I focus on outcomes, not just processes.*
proactive	*Proactivo/a / que toma iniciativa*	*I tend to be proactive — I identify problems before they become urgent.*
adaptable	*Adaptable / flexible ante los cambios*	*I'm adaptable and comfortable working in fast-changing environments.*
self-motivated	*Automotivado/a / con iniciativa propia*	*I'm self-motivated and I don't need constant supervision to stay productive.*
reliable	*Confiable / en quien se puede depender*	*My colleagues describe me as reliable — they know I follow through on commitments.*
strong communication skills	*Sólidas habilidades de comunicación*	*I have strong communication skills developed through years of client-facing roles.*
time management	*Gestión del tiempo*	*Effective time management has always been one of my professional strengths.*
problem-solving ability	*Capacidad de resolución de problemas*	*My problem-solving ability helped us navigate a major system failure with minimal impact.*
team player	*Jugador/a de equipo / persona colaborativa*	*I'm a team player, but I can also work independently when needed.*

VERBOS DE ACCIÓN: EL VOCABULARIO QUE HACE TUS RESPUESTAS MÁS PODEROSAS

Los verbos de acción son las palabras que describen lo que hiciste, y son absolutamente fundamentales en cualquier entrevista. La diferencia entre una respuesta que suena pasiva y una que suena poderosa casi siempre está en el verbo que el candidato eligió.

Compara estas dos frases: "I was part of the team that did the project" versus "I led the team that delivered the project under budget." El contenido es similar, pero el impacto es radicalmente diferente. El segundo candidato suena como alguien que toma el control. El primero suena como alguien que estaba presente.

A continuación tienes los verbos de acción más poderosos para usar en entrevistas de trabajo, organizados con su significado y un ejemplo de uso en contexto profesional:

managed	**led**
Gestioné / dirigí	*Lideré / encabecé*
I managed a team of twelve customer service agents.	I led the digital transformation initiative for our department.
coordinated	**developed**
Coordiné	*Desarrollé / creé*
I coordinated efforts between five regional offices to unify our reporting process.	I developed a new client onboarding framework from scratch.
implemented	**streamlined**
Implementé / ejecuté	*Optimicé / simplifiqué*
I implemented the new CRM system across three business units.	I streamlined the invoice approval process, saving eight hours per week.
improved	**reduced**
Mejoré	*Reduje / disminuí*
I improved customer satisfaction scores from 72% to 89% in six months.	I reduced employee turnover by introducing a structured onboarding program.
increased	**solved**
Aumenté / incrementé	*Resolví*
I increased sales conversion rates by 22% through targeted follow-up strategies.	I solved a recurring inventory error that had affected three consecutive quarters.
negotiated	**delivered**
Negocié	*Entregué / completé*
I negotiated a vendor contract that reduced costs by 15% annually.	I delivered the project on time despite significant resource constraints.

built	**established**
Construí / creé	*Establecí / creé formalmente*
I built a reporting dashboard that gave the executive team real-time visibility.	I established the company's first formal client feedback process.
oversaw	**trained**
Supervisé / fui responsable de	*Capacité / entrené*
I oversaw the migration of all data to the new cloud-based system.	I trained eighteen new team members over a period of three months.

Cuando practiques tus respuestas, presta especial atención a los verbos que usas. Si notas que repites constantemente "I did", "I made" o "I worked on", eso es una señal de que tu vocabulario de verbos necesita expansión. Intenta sustituirlos con verbos más específicos de la lista anterior. Cada sustitución que hagas va a hacer tu respuesta más profesional y más convincente.

FRASES QUE EL ENTREVISTADOR USA Y CÓMO RESPONDERLAS

Además de saber qué decir, es importante entender qué está diciendo el entrevistador. Algunas frases que escucharás en una entrevista en inglés tienen matices o formas de expresión que pueden confundir si no las conoces con anticipación. Vamos a revisar las más comunes:

"Could you tell me about yourself?"

¿Podría hablarme de usted / de ti?

Lo que realmente significa: Esta es la invitación a tu presentación personal. No es una pregunta casual — es la primera oportunidad de establecer tu narrativa profesional. El entrevistador quiere un resumen de quién eres como profesional.

Cómo responder: Usa la estructura presente-pasado-futuro: quién eres ahora, cuál es tu experiencia más relevante y por qué estás interesado en esta oportunidad. Mantén la respuesta entre 60 y 90 segundos.

"Can you walk me through your experience?"

¿Puede guiarme a través de su experiencia? / ¿Me puede contar sobre su trayectoria?

Lo que realmente significa: El entrevistador pide una visión cronológica o temática de tu carrera profesional. 'Walk me through' es una expresión que significa 'explícame paso a paso' o 'cuéntame de manera organizada'.

Cómo responder: Empieza desde tu experiencia más relevante o más reciente y avanza de manera lógica. Conecta cada experiencia con la siguiente. No leas tu currículum — narra tu trayectoria.

"Could you give me an example?"

¿Podría darme un ejemplo?

Lo que realmente significa: El entrevistador necesita evidencia concreta. Tu respuesta anterior fue demasiado general o abstracta y quiere ver un caso específico. Esto es una oportunidad, no una crítica.

Cómo responder: Usa el método STAR: Situation, Task, Action, Result. Ten siempre ejemplos preparados para respaldar cada punto que hagas sobre tus habilidades o experiencia.

"How do you handle pressure or tight deadlines?"

¿Cómo maneja la presión o los plazos ajustados?

Lo que realmente significa: Quiere saber si puedes trabajar efectivamente bajo condiciones de estrés, sin perder calidad. También evalúa tu autoconocimiento sobre tus propios mecanismos de gestión del estrés.

Cómo responder: No digas simplemente 'I work well under pressure'. Describe concretamente cómo organizas tu trabajo cuando hay presión: priorización, comunicación con el equipo, gestión de expectativas. Respalda con un ejemplo real.

"What are you looking for in your next role?"

¿Qué busca en su próximo puesto?

Lo que realmente significa: Esta pregunta evalúa si tus expectativas se alinean con lo que el puesto ofrece. El entrevistador quiere saber si vas a ser feliz ahí o si en seis meses vas a querer irte.

Cómo responder: Conecta lo que buscas con lo que el puesto y la empresa ofrecen. Menciona oportunidades de crecimiento, el tipo de trabajo, el impacto que quieres tener. Evita mencionar principalmente el salario.

FRASES QUE TÚ PUEDES USAR EN LA ENTREVISTA

Ahora que sabes cómo interpretar lo que dice el entrevistador, vamos a trabajar con las frases que tú puedes usar para sonar más natural, más estructurado y más profesional en tus respuestas. Estas frases son herramientas reutilizables: apréndetelas y tenlas disponibles para cuando las necesites.

Para comenzar una respuesta con confianza

"I'd say that one of the best examples of this is..." → Diría que uno de los mejores ejemplos de esto es...

"That's something I've had a lot of experience with. For instance..." → Eso es algo en lo que he tenido mucha experiencia. Por ejemplo...

"In my previous role, I faced exactly this kind of situation when..." → En mi puesto anterior, enfrenté exactamente este tipo de situación cuando...

"One experience that comes to mind immediately is..." → Una experiencia que me viene a la mente inmediatamente es...

Para describir tu experiencia de manera profesional

"I was responsible for managing..." → Era responsable de gestionar...

"I worked closely with the team to ensure that..." → Trabajé estrechamente con el equipo para asegurar que...

"One of my main tasks in that role was to..." → Una de mis principales tareas en ese puesto era...

"I had the opportunity to lead..." → Tuve la oportunidad de liderar...

"Throughout that project, I focused specifically on..." → Durante todo ese proyecto, me enfoqué específicamente en...

Para hablar de resultados con impacto

"As a result of those changes..." → Como resultado de esos cambios...

"This helped us improve significantly in terms of..." → Esto nos ayudó a mejorar significativamente en términos de...

"The outcome was..." → El resultado fue...

"We were able to reduce / increase / achieve..." → Pudimos reducir / aumentar / lograr...

"That initiative had a measurable impact on..." → Esa iniciativa tuvo un impacto medible en...

Para ganar tiempo y pensar con calma

"That's a great question. Let me think for a moment." → Esa es una buena pregunta. Déjame pensar un momento.

"I want to make sure I give you a complete answer..." → Quiero asegurarme de darte una respuesta completa...

"The first thing that comes to mind is..." → Lo primero que me viene a la mente es...

"I'd approach this by first..." → Abordaría esto comenzando por...

Para cerrar una respuesta con solidez

"That experience taught me that..." → Esa experiencia me enseñó que...

"Since then, I've applied that learning by..." → Desde entonces, he aplicado ese aprendizaje a través de...

"That's actually one of the reasons I'm excited about this opportunity." → Esa es en realidad una de las razones por las que estoy entusiasmado con esta oportunidad.

"Looking back, I think that was one of the most valuable experiences of my career." → Mirando atrás, creo que fue una de las experiencias más valiosas de mi carrera.

ERRORES DE VOCABULARIO COMUNES EN CANDIDATOS HISPANOHABLANTES

Conocer el vocabulario correcto es importante. Conocer los errores más comunes también lo es. Esta sección es especialmente valiosa porque estos errores son predecibles y completamente evitables con un poco de preparación.

Los falsos amigos más peligrosos en entrevistas

Los falsos amigos son palabras que suenan similares al español pero tienen un significado diferente en inglés. Usarlos incorrectamente puede generar malentendidos o simplemente sonar extraño. Estos son los más comunes en contexto de entrevista:

En español	✗ Error frecuente	✓ Versión correcta
Actualmente / Ahora	✗ "actually" *"Actually I work in finance" (suena como 'en realidad')*	✓ "currently / right now" *"Currently I work in finance"* ✓
Eventual / Posible	✗ "eventual" *"The eventual solution..." (significa 'final/a largo plazo')*	✓ "possible / potential" *"The potential solution..."* ✓

Realizar / Hacer	✗ "realize"	✓ "carry out / complete / deliver"
	"I realized the project" (significa 'me di cuenta')	*"I completed the project"* ✓
Sensible / Con sentido	✗ "sensible"	✓ "sensitive / empathetic"
	"I'm very sensible" (significa 'sensato/razonable')	*"I'm very empathetic"* ✓
Éxito / Logro	✗ "exit"	✓ "success / achievement"
	"We had a great exit" (significa 'salida')	*"We had great success"* ✓

Otros errores comunes de vocabulario

⬤ **Usar 'do' y 'make' para todo.** El inglés tiene verbos específicos para cada situación. En lugar de 'I did a presentation', di 'I delivered a presentation'. En lugar de 'I made the process better', di 'I improved the process'. En lugar de 'I did my job', di 'I fulfilled my responsibilities'. Cada sustitución hace tu respuesta más profesional.

⬤ **Usar 'very good' para describir todo.** Cuando todo es 'very good', nada es memorable. Sustituye 'very good results' por 'strong results' o 'measurable results'. Sustituye 'very good communication' por 'clear and effective communication'. Sustituye 'very good at working in teams' por 'highly collaborative'.

⬤ **Traducir directamente frases del español.** "I have many years" debería ser "I have X years of experience in...". "I am very responsible" funciona mejor como "I take ownership of my work" o "I consistently follow through on commitments". La traducción directa a menudo produce frases que son gramaticalmente correctas pero que no suenan naturales en inglés profesional.

⬤ **Usar un tono demasiado informal.** En una entrevista formal, evita contracciones excesivas y expresiones muy coloquiales. "I'm gonna be honest" suena menos profesional que "I want to be transparent with you". "I did a bunch of stuff" es menos efectivo que "I managed a wide range of responsibilities". El tono importa tanto como las palabras.

CÓMO CONSTRUIR TU BANCO PERSONAL DE VOCABULARIO

El vocabulario de este capítulo es un punto de partida, no un techo. Cada profesión, cada sector y cada tipo de puesto tiene su propio vocabulario específico que vale la pena aprender antes de una entrevista. La clave está en construir tu propio banco personal de vocabulario, conectado directamente con tu experiencia y con el tipo de trabajo que buscas.

•   •   •

Cómo crear tu banco de vocabulario

● **Paso 1: Lee la descripción del puesto con atención.** Cada oferta de trabajo tiene palabras y frases clave que describen lo que buscan. Esas palabras son exactamente las que necesitas incorporar en tus respuestas. Si la descripción dice 'stakeholder management', 'cross-functional collaboration' o 'data-driven decisions', esas son las expresiones que debes usar cuando describan tu experiencia relacionada.

● **Paso 2: Toma tu historial de trabajo y escribe qué hiciste en cada puesto.** Pero en lugar de usar las palabras más simples que conozcas, busca la versión más profesional de cada descripción. Usa la lista de verbos de este capítulo como punto de partida y añade los específicos de tu sector.

● **Paso 3: Crea una lista de entre 20 y 30 palabras o frases clave.** Estas deben incluir los verbos de acción más relevantes para tu experiencia, el vocabulario específico de tu sector y las expresiones que usarías para describir tus logros más importantes.

● **Paso 4: Úsalas en oraciones reales.** El vocabulario que no practicas en contexto no está disponible cuando lo necesitas. Por cada palabra o frase que añadas a tu lista, escribe al menos una oración que la use en el contexto de una respuesta de entrevista real.

● **Paso 5: Practica en voz alta regularmente.** Lee tu banco de vocabulario en voz alta una vez al día durante la semana antes de tu entrevista. El objetivo no es memorizar: es hacer que esas palabras sean naturales para ti, para que salgan espontáneamente cuando las necesites.

> ✦ El vocabulario que memorizas en silencio y el vocabulario que puedes usar al hablar son dos cosas diferentes. La única manera de activar el vocabulario para uso oral es practicarlo oralmente. Di las palabras, di las frases, di las oraciones completas en voz alta.

LA PRÁCTICA COMO MOTOR DE MEJORA

Cerrar este capítulo con una reflexión sobre la práctica es importante porque el vocabulario, más que cualquier otro aspecto del idioma, mejora de manera directamente proporcional al tiempo que le dedicas.

Los materiales de audio de este libro incluyen ejemplos de pronunciación para el vocabulario de este capítulo, frases modelo en su contexto natural, preguntas de entrevista con respuestas de referencia que usan el vocabulario que acabas de aprender, y mini simulaciones de segmentos de entrevista. Usa esos recursos de manera activa: escucha primero, luego repite en voz alta, luego intenta responder tú sin escuchar el modelo. Ese ciclo de escucha-repetición-producción es el que construye fluidez real.

No intentes aprender todo el vocabulario de este capítulo de una sola vez. Empieza con las palabras y frases más relevantes para tu sector y para el tipo de puesto que buscas. Añade cinco o diez palabras nuevas por semana. Úsalas en tus respuestas de práctica. Y semana a semana, vas a notar que tu inglés de entrevista se vuelve más rico, más fluido y más profesional.

Recuerda también que el vocabulario no es lo único que importa. Una respuesta con vocabulario impresionante pero sin estructura es menos efectiva que una respuesta bien estructurada con vocabulario sencillo. El vocabulario de este capítulo debe sumarse a las estructuras que aprendiste en los capítulos anteriores, no reemplazarlas.

PREPARÁNDOTE PARA EL SIGUIENTE PASO

Hasta ahora has aprendido las preguntas más comunes, el método para estructurar tus respuestas, cómo manejar las preguntas más difíciles y ahora el vocabulario y las frases que hacen que tus respuestas suenen profesionales. Tienes todas las piezas fundamentales del rompecabezas.

Lo que viene ahora es integrarlo todo en situaciones de práctica más realistas y completas. En el próximo capítulo vas a trabajar con simulaciones de entrevista más inmersivas, incluyendo estrategias para entrevistas remotas, cómo manejar los nervios del momento, cómo recuperarte si cometes un error y cómo causar una impresión final poderosa. Es el capítulo donde todo lo que has aprendido se convierte en preparación completa para el día real.

EJERCICIOS DE PRÁCTICA DEL CAPÍTULO 5

El vocabulario que conoces en papel es muy diferente al vocabulario que puedes usar cuando estás hablando. La única manera de activar ese vocabulario para uso real es practicarlo: escribirlo, usarlo en oraciones propias, decirlo en voz alta y escucharte. Eso es exactamente lo que estos cinco ejercicios te ayudan a hacer.

No busques la perfección. Busca la activación. Cada palabra que uses en una oración propia es una palabra que ya no necesitas buscar la próxima vez que la necesites.

Ejercicio 1 · *Vocabulario profesional personal*

Mi banco de palabras para la entrevista

Crea tu propio banco de vocabulario profesional usando las cuatro categorías a continuación.

Para cada categoría, escribe cuatro palabras o frases en inglés que sean relevantes para tu experiencia.

Añade el significado en español y una oración de ejemplo que muestre cómo usarías esa palabra en una entrevista.

Usa el vocabulario del capítulo como punto de partida, pero personalízalo con palabras de tu sector y tu experiencia.

Este ejercicio construye el núcleo de tu vocabulario de entrevista personalizado. Las palabras que eliges tú, conectadas a tu propia experiencia, son las que van a estar más disponibles para ti cuando las necesites bajo presión. Tómate el tiempo de escribir ejemplos reales, no frases genéricas.

Mis responsabilidades y tareas principales

Palabra / Frase en inglés	Significado en español	Ejemplo de uso en una respuesta

Mis logros y resultados

Palabra / Frase en inglés	Significado en español	Ejemplo de uso en una respuesta

Mis fortalezas y habilidades

Palabra / Frase en inglés	Significado en español	Ejemplo de uso en una respuesta

Mi sector / área de trabajo

Palabra / Frase en inglés	Significado en español	Ejemplo de uso en una respuesta

Practica en voz alta: Lee en voz alta las 16 palabras o frases que escribiste. Luego lee las oraciones de ejemplo, también en voz alta. El objetivo es que estas palabras empiecen a sonar naturales cuando las dices, no solo cuando las ves escritas.

✦ Si tienes una entrevista próxima, revisa este banco de vocabulario una vez al día durante los tres días anteriores. No para memorizarlo — para que esas palabras estén 'activas' en tu mente cuando las necesites.

Ejercicio 2 · *De básico a profesional*

Mejora estas respuestas con mejor vocabulario

Lee cada oración en inglés — está escrita de manera demasiado básica para una entrevista profesional.

Reescríbela usando vocabulario más profesional, verbos de acción más precisos y expresiones más naturales.

Usa las pistas y los verbos sugeridos como guía, pero eres libre de elegir las palabras que mejor se adapten.

No cambies el significado central — solo mejora la manera en que está expresado.

Saber reconocer cuándo tu inglés suena demasiado básico es el primer paso para mejorarlo. Este ejercicio entrena exactamente ese reconocimiento y te da práctica inmediata en la transformación. Con el tiempo, la versión profesional va a ser tu primera opción, no la segunda.

1 Versión básica:

"I worked with other people in my company and we did many things together."

Pista: *Transforma 'worked with' y 'did things' en verbos y expresiones más específicos y profesionales.*
Verbos sugeridos: *collaborated / coordinated / partnered with / delivered / cross-functional team*

Tu versión mejorada:

2 Versión básica:

"I was in charge of talking to clients and making sure they were okay."

Pista: *Reemplaza 'talking to' y 'making sure they were okay' con expresiones de relaciones con clientes más precisas.*
Verbos sugeridos: *managed client relationships / ensured client satisfaction / served as point of contact / addressed concerns*

Tu versión mejorada:

3 Versión básica:

"I made the process better and now it is faster."

Pista: *Usa un verbo de acción preciso para describir la mejora, y cuantifica o especifica el resultado si puedes.*
Verbos sugeridos: *streamlined / optimized / reduced / improved efficiency / resulted in*

Tu versión mejorada:

4 Versión básica:

"I am good at doing many things at the same time and I always do my work on time."

Pista: *Transforma las frases cotidianas en expresiones profesionales de habilidades.*
Verbos sugeridos: *manage multiple priorities / consistently meet deadlines / time management / under pressure*

Tu versión mejorada:

5 Versión básica:

"I helped my team when they had problems and I always tried to do a good job."

Pista: *Reemplaza los verbos básicos con verbos de acción que comuniquen iniciativa y liderazgo.*
Verbos sugeridos: *supported / resolved / proactively / delivered results / took initiative*

Tu versión mejorada:

Practica en voz alta: Una vez que termines las cinco mejoras, lee las versiones mejoradas en voz alta de manera seguida. ¿Notas la diferencia en cómo suenan comparadas con las originales? Esa diferencia es exactamente el impacto del vocabulario profesional.

Ejercicio 3 · Verbos de acción en contexto

Usa el verbo correcto para completar cada respuesta

Elige el verbo de acción más apropiado del banco de palabras para completar cada oración.

Escríbelo en la forma correcta (pasado simple para experiencias anteriores, presente para habilidades actuales).

Puedes usar cada verbo solo una vez.

Presta atención al contexto de cada oración — algunos verbos son más específicos que otros.

Banco de verbos:

managed   led   developed   reduced   implemented   coordinated   improved
delivered   trained   streamlined   increased   established   oversaw
negotiated   built

1 *"I _____________ a team of ten people across three different time zones during the product launch."*

Verbo a usar: *¿Quién estaba a cargo del equipo?*

2 *"I _____________ a new employee onboarding program that cut the average training time from four weeks to two."*

Verbo a usar: *¿Quién creó algo nuevo desde cero?*

3 *"I _____________ the project on schedule despite unexpected staffing changes in the final month."*

Verbo a usar: *¿Quién completó o entregó algo?*

4 *"I _____________ operational costs by 18% through more efficient vendor contracts."*

Verbo a usar: *¿Quién hizo que algo bajara o disminuyera?*

5 *"I _____________ between the marketing, sales, and operations departments to ensure a unified launch strategy."*

Verbo a usar: *¿Quién conectó o articuló diferentes equipos?*

6 *"I _____________ fifteen new customer service agents over a period of two months."*

Verbo a usar: *¿Quién enseñó o capacitó a otros?*

7 *"I _____________ the invoice approval process, which eliminated three unnecessary steps."*

Verbo a usar: *¿Quién simplificó o hizo más eficiente un proceso?*

8 *"I _____________ the company's first formal performance review process from the ground up."*

Verbo a usar: *¿Quién creó algo formal por primera vez en una organización?*

9 *"I _____________ the full migration to our new CRM system across four regional offices."*

Verbo a usar: *¿Quién tuvo la supervisión general de algo?*

10 *"I _____________ client retention by 25% by introducing a monthly check-in program."*

Verbo a usar: *¿Quién hizo que algo subiera o creciera?*

Practica en voz alta: Lee cada oración completa en voz alta después de rellenar el espacio. Así entrenas la pronunciación del verbo en contexto, no solo su escritura. Los verbos que más te cuesten pronunciar son los que más necesitas practicar.

✦ ¿No estás seguro de cuál verbo usar? Pregúntate: ¿qué acción específica describe mejor lo que esta persona hizo? Cuanto más preciso sea el verbo, más profesional será la respuesta. 'Managed' describe dirección; 'coordinated' describe articulación entre partes; 'streamlined' describe optimización. Cada verbo tiene su matiz.

Ejercicio 4 · Comprensión del lenguaje del entrevistador
¿Qué te están preguntando realmente?

Lee cada pregunta que podría hacerte un entrevistador en inglés.

Para cada una, escribe en español qué significa esa pregunta exactamente.

Luego escribe qué quiere saber realmente el entrevistador — qué cualidad o información está evaluando.

No hay una única respuesta correcta — lo importante es reflexionar sobre la intención detrás de la pregunta.

Entender lo que el entrevistador realmente quiere saber con cada pregunta te permite preparar respuestas más estratégicas. No todas las preguntas son tan directas como parecen. Algunas tienen capas de intención que vale la pena entender antes de responder.

P1   "Can you walk me through your experience?"
¿Me puede guiar a través de su experiencia?

¿Qué significa exactamente esta pregunta?

¿Qué quiere saber realmente el entrevistador con esta pregunta?

P2   "Could you give me a specific example of that?"

¿Me puede dar un ejemplo específico de eso?

¿Qué significa exactamente esta pregunta?

¿Qué quiere saber realmente el entrevistador con esta pregunta?

P3   "How do you handle working under pressure or with tight deadlines?"

¿Cómo maneja trabajar bajo presión o con plazos ajustados?

¿Qué significa exactamente esta pregunta?

¿Qué quiere saber realmente el entrevistador con esta pregunta?

P4   "What are you looking for in your next role?"

¿Qué busca en su próximo puesto?

¿Qué significa exactamente esta pregunta?

¿Qué quiere saber realmente el entrevistador con esta pregunta?

P5   **"Is there anything else you'd like us to know about you?"**

¿Hay algo más que le gustaría que supiéramos sobre usted?

¿Qué significa exactamente esta pregunta?

¿Qué quiere saber realmente el entrevistador con esta pregunta?

◆ La última pregunta (P5) es una de las más subestimadas de toda la entrevista. Muchos candidatos responden 'No, I think that's everything' y pierden una oportunidad de oro. Esta es tu chance de añadir algo importante que no mencionaste antes, o de reafirmar por qué eres la persona ideal para el puesto.

Ejercicio 5 · *Tu respuesta profesional completa*

Construye una respuesta usando el vocabulario del capítulo

Elige una pregunta de entrevista — puede ser cualquiera de las que has trabajado en el libro.

Escribe una respuesta completa en inglés que cumpla todos los requisitos de la lista de verificación.

Primero escribe una versión borrador. Luego revísala para verificar que cumple los requisitos.

Después practica diciéndola en voz alta hasta que suene natural, no memorizada.

Este ejercicio integra todo lo que aprendiste en este capítulo: vocabulario de responsabilidades y logros, verbos de acción, frases profesionales de inicio y cierre, y expresiones para describir habilidades. El objetivo es que en esta respuesta puedas ver la diferencia entre cómo hubieras respondido antes y cómo puedes responder ahora.

Elige la pregunta para tu respuesta — marca una:

☐ Tell me about yourself.

☐ What is your greatest professional achievement?

☐ Tell me about a challenge you faced at work and how you solved it.

☐ Why should we hire you?

☐ How do you handle pressure or tight deadlines?

+ Tu respuesta debe incluir:

☐ Al menos 5 palabras o frases del vocabulario de este capítulo.

☐ Al menos 2 frases profesionales (para comenzar, describir o cerrar la respuesta).

☐ Al menos 1 verbo de acción concreto y preciso.

☐ Un resultado claro o una conclusión al final de la respuesta.

☐ Una duración aproximada de entre 60 y 90 segundos cuando se dice en voz alta.

Escribe aquí tu respuesta borrador (primera versión):

Registro de vocabulario usado:

Palabras/frases del capítulo: *escríbelas aquí para verificar que las incluiste*

Verbos de acción: *¿cuáles usaste?*

Frases profesionales: *¿cuáles de inicio o cierre usaste?*

Escribe aquí tu versión final mejorada (después de revisar y ajustar):

Practica en voz alta: Lee tu versión final en voz alta y grábate si puedes. Escúchate después y hazte tres preguntas: ¿suena natural o memorizado? ¿Las palabras de vocabulario fluyen bien o se sienten forzadas? ¿El resultado o conclusión final es claro? Ajusta lo que necesites y practica de nuevo.

+ La diferencia entre tu primera versión y tu versión final es exactamente la evidencia de tu progreso. Guarda ambas. Cuando releas el ejercicio en unos días, vas a ver claramente cuánto mejoró la calidad de tu inglés profesional con solo una sesión de práctica consciente.

EL VOCABULARIO QUE PRACTICAS HOY TRABAJA PARA TI MAÑANA.

Cada palabra que usaste en un ejercicio de este capítulo es una palabra que ya está un paso más cerca de ser tuya: disponible, activa y lista para aparecer cuando la necesites en una entrevista real. Eso no ocurre memorizando listas. Ocurre exactamente como lo hiciste aquí: escribiendo, revisando, mejorando y practicando en voz alta.

En el próximo capítulo vas a poner todo lo que has aprendido en práctica dentro de situaciones de entrevista más completas y realistas. Vas a trabajar con estrategias para entrevistas remotas, cómo manejar los nervios del momento real, cómo recuperarte con calma si algo no sale como esperabas, y cómo cerrar la entrevista dejando una impresión poderosa y memorable.

CAPÍTULO 6

SIMULACIONES DE ENTREVISTAS Y PREPARACIÓN PARA ENTREVISTAS REMOTAS

Todo lo que has trabajado en los capítulos anteriores, las preguntas más comunes, el método STAR, las preguntas difíciles, el vocabulario profesional, tiene un único destino: la entrevista real. Y la distancia entre saber el material y poder usarlo con confianza en una conversación real se llama práctica.

Hay una diferencia enorme entre preparar una respuesta para una pregunta específica y mantener una conversación completa de entrevista bajo presión real. En el primer caso tienes tiempo, puedes releer, puedes corregir. En el segundo, tienes que responder en tiempo real, hacer transiciones entre temas, mantener el hilo durante veinte o cuarenta minutos, y recuperarte si algo no sale como esperabas.

Ese segundo modo, el de la conversación real, es lo que vamos a practicar en este capítulo.

Vas a ver cómo fluye una entrevista completa, con dos simulaciones detalladas en inglés. Vas a aprender a manejar los momentos en que no entiendes una pregunta o cuando tu mente se queda en blanco. Y vas a prepararte específicamente para el formato que domina hoy el mercado de trabajo internacional: la entrevista por videollamada.

POR QUÉ LA PRÁCTICA COMPLETA IMPORTA TANTO

Imagina que estás preparándote para correr una maratón. Podrías hacer todos los entrenamientos parciales del mundo: trabajar la resistencia, practicar el ritmo, fortalecer las piernas. Pero si nunca practicas corriendo distancias largas de manera continua, el día de la carrera tu cuerpo va a encontrarse con algo para lo que no está preparado: mantener el rendimiento sostenido durante horas.

Prepararse para una entrevista en inglés funciona de manera similar. Puedes practicar respuestas individuales hasta el perfeccionismo. Pero si nunca practicas el flujo completo de una entrevista, el día de la conversación real vas a encontrarte con desafíos que no anticipaste: la transición de small talk a preguntas serias, el ritmo de responder pregunta tras pregunta sin tiempo de preparación, el esfuerzo mental de mantener el inglés activo durante una conversación extendida.

La práctica completa, con simulaciones, elimina ese factor sorpresa. Cuando hayas practicado el flujo completo varias veces, el día de la entrevista real no vas a estar navegando territorio desconocido. Vas a estar revisitando territorio que ya conoces.

CÓMO ESTÁ ESTRUCTURADA UNA ENTREVISTA COMPLETA EN INGLÉS

Antes de las simulaciones, vale la pena entender cómo se organiza típicamente una entrevista de trabajo en inglés de principio a fin. No todas las entrevistas siguen exactamente el mismo formato, pero la mayoría tiene etapas reconocibles que puedes anticipar y preparar.

Etapa 1: El saludo y la bienvenida

La entrevista empieza antes de la primera pregunta oficial. El entrevistador va a saludarte, presentarse y hacer que te sientas bienvenido. Este momento suele durar entre uno y tres minutos y establece el tono de toda la conversación. Aquí el objetivo es simplemente responder con calidez, mostrar que estás cómodo y demostrar que puedes mantener una conversación informal en inglés.

Etapa 2: El small talk

Después del saludo formal, la mayoría de los entrevistadores hacen uno o dos minutos de small talk: comentan algo sobre el tiempo, preguntan si tuviste problema para encontrar la oficina (o si la conexión está bien, en el caso de videollamadas), o mencionan algo breve sobre el día. No es una evaluación formal, pero sí establece si el candidato es alguien fácil de tratar. Responde de manera natural y breve.

Etapa 3: La autopresentación

"Tell me about yourself" o "Could you introduce yourself?" suele ser la primera pregunta sustantiva. Es tu oportunidad de establecer tu narrativa profesional: quién eres, qué experiencia tienes y por qué estás aquí. Debe durar entre 60 y 90 segundos. No es un recuento de tu currículum: es un resumen estratégico de tu trayectoria más relevante.

Etapa 4: Preguntas sobre tu experiencia

El entrevistador va a explorar tu trayectoria profesional con preguntas sobre tus roles anteriores, tus responsabilidades y tus logros. Aquí es donde el vocabulario del Capítulo 5 y las estructuras del Capítulo 3 son especialmente útiles. Prepara respuestas claras y concretas para las preguntas sobre tu experiencia más reciente y más relevante.

Etapa 5: Preguntas de comportamiento

Estas son las preguntas que empiezan con "Tell me about a time when..." o "Describe a situation where...". Son exactamente las que trabajaste con el método STAR en el Capítulo 3. Están diseñadas para evaluar cómo actúas en situaciones reales, no solo qué dices sobre ti mismo.

Etapa 6: Preguntas difíciles

Fortalezas, debilidades, motivación, por qué deberían contratarte. Las preguntas del Capítulo 4. Este es el momento de la entrevista donde más candidatos pierden seguridad si no han preparado respuestas específicas.

Etapa 7: Las preguntas del candidato

Hacia el final, el entrevistador va a preguntarte si tienes preguntas. Esto no es opcional. No tener preguntas preparadas envía la señal de que no investigaste sobre la empresa ni tienes curiosidad genuina sobre el puesto. Prepara siempre entre dos y cuatro preguntas de calidad.

Etapa 8: El cierre

El entrevistador va a indicar que la entrevista está terminando. Es el momento de agradecer de manera genuina, confirmar tu interés en el puesto y preguntar sobre los próximos pasos del proceso. Un cierre sólido puede reforzar una impresión positiva que viene construyéndose desde el inicio.

> ❖ Conocer la estructura de la entrevista reduce el factor sorpresa al mínimo. Cuando sabes qué viene después, puedes prepararte mentalmente para cada etapa y hacer transiciones naturales entre ellas en lugar de ser tomado por sorpresa.

SIMULACIÓN 1: ENTREVISTA PARA UN PUESTO DE COORDINACIÓN DE PROYECTOS

La primera simulación es para alguien con varios años de experiencia que aplica a un puesto de coordinación de proyectos en una empresa internacional. El candidato habla inglés con fluidez moderada y está bien preparado. Observa cómo fluye la conversación de principio a fin, las frases que usa el candidato y las notas explicativas en español.

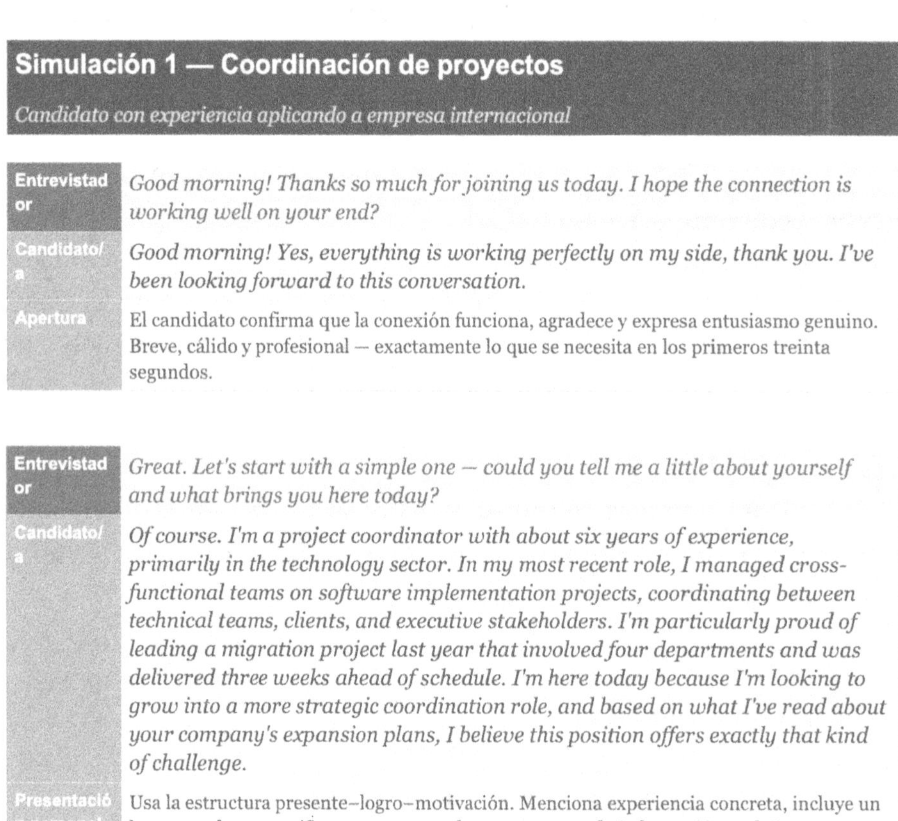

Simulación 1 — Coordinación de proyectos

Candidato con experiencia aplicando a empresa internacional

Entrevistador	*Good morning! Thanks so much for joining us today. I hope the connection is working well on your end?*
Candidato/a	*Good morning! Yes, everything is working perfectly on my side, thank you. I've been looking forward to this conversation.*
Apertura	El candidato confirma que la conexión funciona, agradece y expresa entusiasmo genuino. Breve, cálido y profesional — exactamente lo que se necesita en los primeros treinta segundos.
Entrevistador	*Great. Let's start with a simple one — could you tell me a little about yourself and what brings you here today?*
Candidato/a	*Of course. I'm a project coordinator with about six years of experience, primarily in the technology sector. In my most recent role, I managed cross-functional teams on software implementation projects, coordinating between technical teams, clients, and executive stakeholders. I'm particularly proud of leading a migration project last year that involved four departments and was delivered three weeks ahead of schedule. I'm here today because I'm looking to grow into a more strategic coordination role, and based on what I've read about your company's expansion plans, I believe this position offers exactly that kind of challenge.*
Presentación personal	Usa la estructura presente–logro–motivación. Menciona experiencia concreta, incluye un logro con dato específico y conecta con la empresa usando información real. Dura aproximadamente 70 segundos. Nada genérico.
Entrevistador	*That's a strong background. Can you walk me through a specific situation where you had to manage a difficult stakeholder?*

Candidato/a

Absolutely. In my previous role, we had a client who was particularly concerned about the timeline of a software rollout. They had experienced delays with previous vendors and were understandably skeptical. My task was to rebuild that trust while keeping the project on track. What I did was schedule a weekly fifteen-minute check-in directly with their project lead — not just status reports by email, but a real conversation where they could ask questions and raise concerns in real time. I also created a shared dashboard that showed project progress transparently. By month two, the tone of our relationship had shifted completely. They extended the contract the following year and mentioned our communication style specifically as a reason.

Pregunta de comportamiento

Respuesta STAR perfectamente ejecutada. Situation clara, Task específica, Action con pasos concretos y creativos, Result con impacto medible y un detalle memorable (mencionaron el estilo de comunicación específicamente). No suena memorizado — suena como alguien recordando algo real.

Entrevistador

I like that approach. What would you say is your greatest professional strength?

Candidato/a

I'd say my greatest strength is my ability to identify what's actually blocking a project and address it before it becomes critical. I have a habit of asking 'what could go wrong here?' at the start of every new phase, and that tends to uncover risks that aren't obvious yet. For example, on a project last year I noticed early that two teams were using different definitions of the same deliverable, which would have caused a significant rework situation at the end. I organized a one-hour alignment meeting in week two that eliminated that risk entirely. My manager described that as one of the highest-value hours we spent on the whole project.

Fortaleza

Nombra una fortaleza específica (anticipar bloqueos), la describe con una conducta concreta (hacer la pregunta '¿qué podría salir mal?') y la respalda con un ejemplo detallado que termina con una cita del manager. No es solo una afirmación — es evidencia.

Entrevistador

That's really useful. Do you have any questions for us before we wrap up?

Candidato/a

Yes, I have a couple. First, how does the coordination team collaborate with the product and engineering teams day to day — is there a formal structure or is it more organic? And second, what does success look like in this role at the six-month mark, from your perspective?

Preguntas del candidato

Dos preguntas de alta calidad. La primera demuestra comprensión del rol y curiosidad sobre el entorno de trabajo real. La segunda muestra orientación a resultados y que el candidato ya está pensando en cómo tener éxito. Evita preguntas sobre salario o beneficios en esta etapa.

Entrevistador

Those are excellent questions. We'll definitely cover both. Thank you so much for your time today — it was a pleasure speaking with you.

Candidato/a

The pleasure was entirely mine. Thank you for the conversation — you've given me an even clearer picture of why this opportunity is exciting. I look forward to hearing about the next steps.

Cierre

Cierre cálido, genuino y profesional. No solo agradece — añade un comentario positivo sobre la conversación y confirma interés. Deja una impresión final sólida.

✦ ¿Notaste cómo cada respuesta del candidato conecta con la anterior? Esa coherencia no es accidental — viene de haber preparado un banco de historias y estar listo para usarlas de manera flexible según el rumbo de la conversación.

SIMULACIÓN 2: PRIMERA ENTREVISTA PARA UN PUESTO DE ATENCIÓN AL CLIENTE REMOTA

La segunda simulación es para alguien con menos experiencia formal que aplica a un puesto de atención al cliente en una empresa completamente remota. El candidato tiene inglés de nivel intermedio, está un poco nervioso, pero maneja bien la situación. Observa cómo un nivel de inglés más modesto, combinado con preparación y estructura, puede producir una entrevista muy sólida.

Simulación 2 — Atención al cliente remota

Candidato con perfil junior aplicando a puesto completamente remoto

Entrevistador	*Hi there, thanks for joining today! Can you hear me okay?*
Candidato/a	*Hi, yes, I can hear you perfectly. Thank you for taking the time to speak with me today.*
Saludo	Respuesta corta, cálida y funcional. Confirma que la conexión funciona y agradece con naturalidad. No hay necesidad de más en este momento.
Entrevistador	*Great! So, tell me a little bit about yourself — what's your background and why are you interested in this role?*
Candidato/a	*Sure! I have about two years of experience in customer-facing roles, most recently at a retail company where I was responsible for handling customer inquiries and resolving complaints. I really enjoy helping people solve problems quickly, and I'm good at staying calm when conversations get difficult. I'm interested in this remote role specifically because I want to develop my experience in a more international environment, and I've been working on my English communication skills specifically for this kind of opportunity.*
Autopresentación	Honesta, específica y bien orientada al puesto. Menciona experiencia relevante, nombra una habilidad clave para el rol (mantener la calma en conversaciones difíciles) y conecta genuinamente con la empresa y el formato remoto. La referencia a trabajar el inglés para esta oportunidad es auténtica y genera empatía.

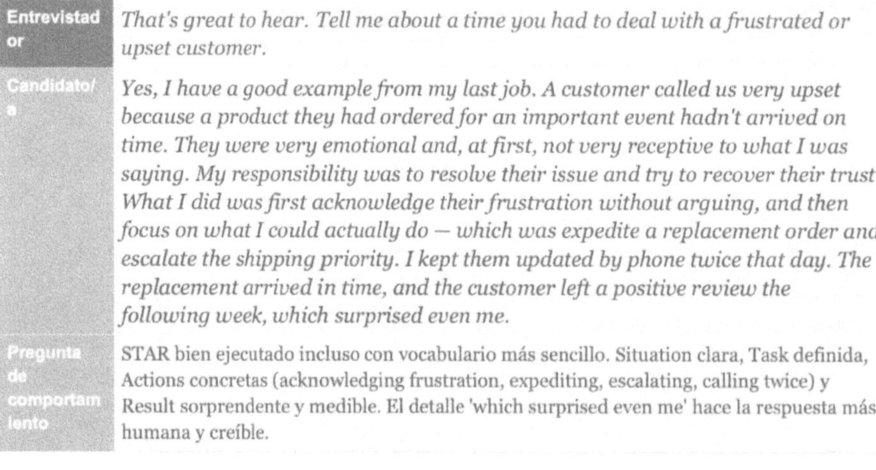

Entrevistador	*That's great to hear. Tell me about a time you had to deal with a frustrated or upset customer.*
Candidato/a	*Yes, I have a good example from my last job. A customer called us very upset because a product they had ordered for an important event hadn't arrived on time. They were very emotional and, at first, not very receptive to what I was saying. My responsibility was to resolve their issue and try to recover their trust. What I did was first acknowledge their frustration without arguing, and then focus on what I could actually do — which was expedite a replacement order and escalate the shipping priority. I kept them updated by phone twice that day. The replacement arrived in time, and the customer left a positive review the following week, which surprised even me.*
Pregunta de comportamiento	STAR bien ejecutado incluso con vocabulario más sencillo. Situation clara, Task definida, Actions concretas (acknowledging frustration, expediting, escalating, calling twice) y Result sorprendente y medible. El detalle 'which surprised even me' hace la respuesta más humana y creíble.

Entrevistador

Nice. Working remotely requires a lot of self-discipline. How do you stay organized and on track when you're working from home?

Candidato/a

That's a good question. I've actually been working partially remotely for the past year, so I've developed some habits that really help. I start every day by reviewing my task list and setting two or three priority items. I also use a simple calendar system to block time for focused work and make sure I'm available during core hours. I find that having a dedicated workspace — even just a corner of a room — makes a big difference in staying in the right mindset. And I check in proactively with my team rather than waiting to be contacted, because in remote work, communication needs to be more intentional.

Pregunta sobre trabajo remoto

Excelente respuesta para un puesto remoto. Demuestra experiencia real con el formato, nombra hábitos concretos y termina con una observación madura sobre la comunicación intencional en equipos remotos. Eso es exactamente lo que quiere escuchar un empleador que contrata a distancia.

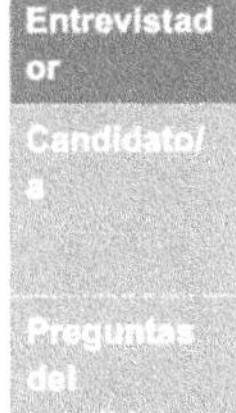

Entrevistador

Do you have any questions for me?

Candidato/a

Yes, I do. Could you tell me what the training period looks like for this role — is it self-paced or more structured? And how does the team communicate day to day — mostly chat, calls, or a mix?

Preguntas del candidato

Dos preguntas prácticas y relevantes para un primer empleo remoto. Demuestran que el candidato ya está pensando en cómo integrarse al equipo, no solo en si consigue el trabajo.

◆ Esta segunda simulación demuestra algo importante: no necesitas un inglés perfecto para dar una entrevista sólida. Necesitas respuestas estructuradas, ejemplos concretos y una actitud de calma y profesionalismo. El nivel de inglés siempre puede mejorar; la actitud y la preparación son tuyas desde hoy.

PREPARACIÓN ESPECÍFICA PARA ENTREVISTAS REMOTAS

Las entrevistas por videollamada son hoy el formato predominante en el mercado laboral internacional. La mayoría de los primeros procesos de selección, y muchas entrevistas finales, ocurren de manera remota. Esto tiene ventajas, puedes hacerlo desde casa, sin el estrés del desplazamiento, pero también tiene desafíos específicos que vale la pena preparar con anticipación.

Conexión a internet

Haz una prueba de conexión el día anterior y en la mañana de la entrevista. Si tienes opciones, usa cable directo en lugar de WiFi. Ten un plan de contingencia: ¿qué harás si la conexión falla? Tener el número de teléfono del entrevistador o una manera alternativa de contactarlo puede salvarte en ese momento.

Posición de la cámara

La cámara debe estar a la altura de tus ojos o ligeramente por encima. Una cámara muy baja hace que parezcas estar mirando hacia abajo; una muy alta puede hacerte parecer pequeño o reducido. Si usas una laptop, colócala sobre un libro o una caja para ajustar la altura.

Iluminación

La luz debe venir desde adelante, no desde atrás. Si tienes una ventana detrás de ti, vas a aparecer como una silueta oscura en pantalla. Lo ideal es tener luz natural o una lámpara frente a ti. Una luz simple de escritorio puede transformar completamente la calidad visual de tu imagen.

Micrófono y audio

Haz una prueba de audio antes de la entrevista con alguien de confianza o usando la función de prueba de la plataforma. Los auriculares con micrófono integrado suelen dar mejor calidad de audio que el micrófono del laptop. Elimina fuentes de ruido: ventiladores, televisiones, o personas en la misma habitación.

El fondo

Tu fondo habla de ti antes de que digas una sola palabra. Un fondo limpio y ordenado transmite profesionalismo. No necesitas una oficina perfecta: una pared neutra o una estantería ordenada son suficientes. Si usas un fondo virtual, asegúrate de que sea sobrio y no genere distracciones visuales.

Contacto visual en cámara

En una videollamada, el contacto visual real se logra mirando a la cámara, no a la pantalla. Esto es contraintuitivo porque quieres ver la cara de la persona, pero si miras la pantalla, apareces como si estuvieras mirando ligeramente hacia abajo. Practica hablar mirando directamente a la cámara, especialmente cuando das respuestas importantes.

Postura y lenguaje corporal

Siéntate erguido, con los hombros hacia atrás. Tu lenguaje corporal en cámara comunica confianza y profesionalismo incluso cuando solo se te ve la parte superior del cuerpo. Evita reclinarte, cruzar los brazos o moverse demasiado. Los gestos naturales de las manos son bienvenidos siempre que no distraigan.

CÓMO SONAR NATURAL EN UNA ENTREVISTA POR VIDEO

La comunicación por videollamada tiene algunas particularidades que, si no las conoces, pueden hacer que parezcas más tenso o más distante de lo que realmente eres.

Habla con pausas intencionales

En una conversación presencial, el lenguaje corporal ayuda a regular el ritmo de la conversación. En video, ese lenguaje corporal llega con un ligero retardo o no llega completamente. Por eso es importante hablar con pausas un poco más deliberadas que en una conversación normal. Termina una frase, pausa un segundo, y observa si el entrevistador quiere agregar algo antes de continuar. Eso demuestra conciencia social y evita los cortes accidentales.

Confirma que te están escuchando bien

Si notas que el entrevistador parece confundido o no responde como esperabas, no asumas que entendió. Es perfectamente profesional preguntar: "Could you hear me okay?" o "I want to make sure the audio is clear on your end." Mejor verificar que asumir y continuar hablando hacia el vacío.

Sonríe de manera natural

La sonrisa es uno de los mejores instrumentos de conexión que tienes en una entrevista remota. No sonrisa forzada ni permanente, sino la sonrisa natural de alguien que está genuinamente disfrutando la conversación. Practica esto frente a la cámara: observa cómo cambia tu presencia en pantalla cuando sonríes versus cuando tienes una expresión neutra.

Evita mirar otras pantallas o teléfonos

En casa hay más distracciones que en una oficina, y el entrevistador puede notar cuando un candidato está mirando hacia otro lado. Cierra todas las ventanas del navegador que no necesites, silencia el teléfono y ponlo fuera de vista, y si tienes notificaciones activas en el computador, desactívalas para esos cuarenta o sesenta minutos.

QUÉ HACER CUANDO NO ENTIENDES UNA PREGUNTA

Este es uno de los momentos más temidos por los candidatos que aprenden inglés, y también uno de los más mal manejados. Cuando no entiendes una pregunta, el instinto natural es o bien intentar responder a lo que crees que escuchaste, o bien quedar paralizado en silencio incómodo.

Ninguna de las dos opciones es la correcta. La opción correcta es pedir aclaración, y hacerlo de manera profesional. Los entrevistadores esperan esto. Les ocurre con candidatos de todos los niveles de inglés, incluyendo hablantes nativos. Pedir una aclaración cuando no entiendes algo es una señal de inteligencia comunicativa, no de debilidad.

> **Cuando no escuchaste bien**
>
> *"I'm sorry, could you please repeat that?"* → Lo siento, ¿podría repetir eso?
>
> *"I didn't quite catch that last part — could you say it again?"* → No capté bien la última parte — ¿podría decirlo de nuevo?
>
> *"Could you speak a little more slowly? I want to make sure I understand correctly."* → ¿Podría hablar un poco más despacio? Quiero asegurarme de entender correctamente.

Estas frases tienen un efecto doble: te dan unos segundos para organizar tu respuesta y, al mismo tiempo, demuestran que eres alguien que prefiere pensar antes de hablar impulsivamente. Eso es una señal positiva en cualquier entrevista.

QUÉ HACER CUANDO TE PONES NERVIOSO O TE QUEDAS EN BLANCO

Pasa. Incluso a los candidatos más preparados, en algún momento de una entrevista, la mente se queda en blanco o los nervios se imponen. No es una señal de que estás fallando. Es una señal de que eres humano. Lo que importa no es que ocurra, sino cómo lo manejas.

Respira antes de responder

El nerviosismo acorta la respiración, y la respiración corta alimenta el nerviosismo. Es un círculo vicioso que se puede romper con algo tan simple como una respiración consciente antes de responder. Cuando termina una pregunta, no hay ninguna obligación de responder en el primer segundo. Una pausa de dos o tres segundos para respirar y ordenar las ideas no solo es aceptable: transmite seguridad.

Vuelve a la estructura

Si tu mente se queda en blanco, la estructura es tu salvavidas. En lugar de intentar construir una respuesta elaborada desde cero, simplemente vuelve a la pregunta más básica: ¿qué estaba pasando? ¿qué hice? ¿qué pasó al final? Esas tres preguntas te dan la columna vertebral de una respuesta funcional incluso cuando la mente está en modo pánico.

· · ·

⬤ Da una respuesta más corta y directa

Cuando sientes que estás perdiendo el hilo en medio de una respuesta larga, no intentes rescatarla con más palabras. Termina de manera limpia y ve al punto. Una respuesta corta y clara siempre es mejor que una respuesta larga y confusa. El entrevistador puede pedir más detalle si lo necesita. Recuperar el control de una respuesta que se estaba deshilachando, con calma y sin dramatismo, es en sí mismo una demostración de inteligencia comunicativa.

⬤ Una respuesta débil no arruina una entrevista

Este es quizás el punto más importante de toda esta sección. Una respuesta que no salió bien no define el resultado de la entrevista. Los entrevistadores evalúan el conjunto de la conversación, no una respuesta aislada. Lo que sí puede arruinar una entrevista es perder la compostura después de una respuesta débil y no recuperarse. Acepta que la respuesta no fue la mejor, deja que el entrevistador haga la siguiente pregunta, y empieza ese intercambio desde cero con toda tu energía.

> ✦ La calma es una habilidad. Como cualquier habilidad, se desarrolla con práctica deliberada. Cada vez que practiques una simulación completa, estás entrenando no solo el inglés sino también la capacidad de mantenerte estable bajo la presión de una conversación real.

MINI GUIONES PARA MOMENTOS CLAVE DE LA ENTREVISTA

A continuación tienes guiones cortos y reutilizables para los momentos específicos que aparecen en casi cualquier entrevista. No para memorizarlos textualmente, sino para tener esas frases activas en tu vocabulario oral.

Saludar al entrevistador al inicio

"Good morning / afternoon! It's great to meet you."

¡Buenos días / tardes! Es un placer conocerte.

"Thank you so much for making time for this conversation."

Muchas gracias por tomarte el tiempo para esta conversación.

"I've been looking forward to speaking with you."

Estaba esperando con entusiasmo hablar contigo.

Pedir que repitan o aclaren algo

"I'm sorry, could you repeat that question?"

Lo siento, ¿podrías repetir esa pregunta?

"Just to make sure I'm on the right track — are you asking about [X]?"

Solo para asegurarme — ¿me estás preguntando sobre [X]?

"Could you give me a moment to think about that?"

¿Me podrías dar un momento para pensar en eso?

<table>
<tr><td>Hacer la transición entre ideas dentro de una respuesta</td></tr>
</table>

"What I did first was... and then..."

Lo que hice primero fue... y luego...

"Building on that, I also..."

A partir de eso, también...

"The outcome was... which led to..."

El resultado fue... lo que llevó a...

<table>
<tr><td>Hacer preguntas al entrevistador</td></tr>
</table>

"Could you tell me more about how the team is structured?"

¿Me podría contar más sobre cómo está estructurado el equipo?

"What does a typical day look like in this role?"

¿Cómo es un día típico en este puesto?

"What would success look like for this position in the first six months?"

¿Cómo se vería el éxito en este puesto durante los primeros seis meses?

<table>
<tr><td>Cerrar la entrevista de manera memorable</td></tr>
</table>

"Thank you so much — this conversation has made me even more excited about the opportunity."

Muchas gracias — esta conversación me ha hecho sentir aún más entusiasmado/a sobre la oportunidad.

"Could you tell me what the next steps in the process look like?"

¿Podría contarme cuáles son los próximos pasos en el proceso?

"I look forward to hearing from you. Thank you again for your time."

Espero con entusiasmo saber de usted. Muchas gracias nuevamente por su tiempo.

CÓMO PRACTICAR ENTREVISTAS POR TU PROPIA CUENTA

Tener el material es el punto de partida. El punto de llegada es poder usarlo con fluidez en una conversación real. Entre los dos está la práctica, y hay muchas maneras de practicar que no requieren un compañero ni un profesor disponible en cada momento.

Practica en voz alta, siempre

La diferencia entre practicar mentalmente y practicar oralmente es enorme. Tu cerebro puede procesar una respuesta perfecta en silencio y tu boca puede tropezar completamente cuando intenta producirla en voz alta. El único modo de entrenar la producción oral es hablando en voz alta. Aunque sea en tu cuarto, aunque nadie te escuche, aunque te sienta extraño al principio.

. . .

Grábate y escúchate

Grabarte respondiendo preguntas de entrevista es uno de los ejercicios más incómodos y uno de los más útiles. La primera vez que te escuchas puede ser sorprendente: el ritmo, la pronunciación, los momentos de duda. Esa incomodidad es información. Te dice exactamente dónde enfocar tu práctica. Con el tiempo, la brecha entre cómo suenas y cómo quieres sonar se va cerrando.

Simula entrevistas completas, no respuestas sueltas

Al menos una vez a la semana, practica una entrevista completa de principio a fin. Empieza con el saludo, continúa con la autopresentación, responde cinco o seis preguntas diferentes, termina con preguntas propias y cierra. Esa práctica de flujo completo es la que construye la resistencia y la fluidez que necesitas para el día real.

Usa los materiales de audio del libro

Este libro incluye materiales de audio que complementan exactamente este capítulo: simulaciones de entrevistas completas, modelos de respuesta con pronunciación natural, práctica de vocabulario y frases útiles, y escenarios de entrevistas remotas. Escucha primero, repite después. Compara tu versión con el modelo. Ajusta y practica de nuevo. Ese ciclo de exposición, imitación y producción es uno de los métodos más eficaces para desarrollar fluidez oral.

Practica con alguien de confianza

Si tienes la posibilidad de hacer simulaciones con un amigo, colega o compañero de estudio, aprovéchala. La presión de saber que hay otro ser humano escuchando cambia completamente la dinámica. Pide a esa persona que haga las preguntas en inglés sin avisarte cuáles van a ser, para que practiques la respuesta en tiempo real. Después pueden discutir qué funcionó y qué podría mejorarse.

LOS ERRORES MÁS COMUNES EN SIMULACIONES Y ENTREVISTAS REMOTAS

Sobre-memorizar las respuestas

Hay una diferencia sutil pero importante entre preparar una respuesta y memorizar un guión. La respuesta preparada tiene una estructura y puntos clave; el guión es un texto fijo que recitar. El problema del guión es que cualquier pequeña variación en la pregunta del entrevistador puede descarrilarlo completamente. Prepara la estructura, no el texto exacto.

Hablar demasiado rápido cuando hay nervios

El nerviosismo acelera el habla. Cuando hablas rápido en un segundo idioma, la pronunciación se deteriora, la gramática se colapsa y el entrevistador tiene que trabajar más duro para entenderte. Practica conscientemente hablar más despacio de lo que te parece necesario. Cuando crees que estás hablando a velocidad normal, probablemente estás hablando a la velocidad correcta para ser fácilmente comprensible en inglés.

No preparar preguntas para el entrevistador

"No, I don't have any questions." Esa frase cierra una entrevista de manera abrupta y envía un mensaje preocupante: o no investigaste sobre la empresa, o no tienes curiosidad genuina sobre el puesto. Siempre llega con al menos tres preguntas preparadas, para poder usar dos de ellas si es que el entrevistador ya respondió una en el transcurso de la conversación.

Dar por resueltos los problemas técnicos sin probar

Muchas entrevistas remotas se complican innecesariamente porque el candidato asumió que todo funcionaría bien sin probarlo con anticipación. La cámara que no enciende, el audio que no se escucha, el fondo caótico que nadie vio antes. Haz una prueba técnica completa el día anterior con la misma plataforma que se usará (Zoom, Teams, Google Meet, etc.) y ten todo configurado al menos quince minutos antes de la entrevista.

RESISTENCIA Y CONFIANZA: LAS DOS METAS DE LA PRÁCTICA

Una entrevista de trabajo en inglés no es solo una prueba de idioma. Es una prueba de resistencia comunicativa: la capacidad de mantenerse claro, enfocado y profesional durante una conversación extendida bajo condiciones de presión real.

Esa resistencia no se construye de una sola vez. Se construye cada vez que practicas una simulación completa. Cada vez que te grabas y te escuchas. Cada vez que te quedas en blanco y encuentras el camino de regreso a la estructura. Cada vez que terminas una simulación cansado pero satisfecho.

Llegas a la entrevista real con toda esa experiencia acumulada. Y cuando el entrevistador hace la primera pregunta, no estás enfrentando algo desconocido. Estás revisitando territorio que ya recorriste, en condiciones que ya conoces, con respuestas que ya tienes preparadas.

Eso es lo que la preparación hace por ti. No elimina los nervios, pero los convierte en energía que puedes usar.

EL CAPÍTULO FINAL: EL CIERRE PERFECTO

Estás en la recta final. En este capítulo aprendiste a manejar el flujo completo de una entrevista, a prepararte para el formato remoto, a manejar los momentos difíciles con calma y a practicar de manera que genere confianza real. Eso es una preparación que la mayoría de los candidatos nunca llega a tener.

En el capítulo final del libro vamos a trabajar con los detalles estratégicos que pueden marcar la diferencia entre un candidato bueno y uno memorable: qué preguntas hacerle al entrevistador para demostrar inteligencia estratégica, cómo cerrar la entrevista dejando una impresión poderosa, qué hacer en las horas y días que siguen a la entrevista, y cómo mantener el momentum hasta recibir una oferta.

Son los detalles que distinguen a los candidatos que consiguen el trabajo de los que casi lo consiguen.

EJERCICIOS DE PRÁCTICA DEL CAPÍTULO 6

Ahora es el momento de hacer lo que más importa: practicar. Los ejercicios de este capítulo están diseñados para llevarte lo más cerca posible de una entrevista real, con situaciones concretas, práctica oral y autoevaluación honesta. No busques la perfección. Busca la preparación.

Completa los ejercicios en orden. Cada uno construye sobre el anterior y juntos simulan el proceso completo de preparación para una entrevista real en inglés.

Ejercicio 1 · *Planificación personal*

Mi simulación de entrevista ideal

Imagina el puesto de trabajo que más te gustaría conseguir en este momento de tu carrera.

Completa cada sección con información específica y real — no inventada.

Cuanto más concreto seas, más útil va a ser la práctica que viene después.

Esta información va a ser tu punto de partida para los ejercicios 2 y 5.

Toda práctica efectiva empieza con un contexto específico. No es lo mismo prepararse 'para una entrevista en inglés' que prepararse para 'una entrevista de coordinadora de proyectos en una empresa de tecnología financiera con presencia regional'. El segundo tiene un objetivo claro, y eso lo hace todo más real y más útil.

El puesto al que aplico:

¿Cuál es el título exacto o aproximado del puesto? Ej: Customer Success Manager, Desarrollador Frontend, Analista de Marketing

El tipo de empresa:

¿Grande o pequeña? ¿Nacional o internacional? ¿Qué sector? Ej: startup de tecnología, empresa multinacional de logística

El formato de la entrevista:

¿Presencial o por videollamada? ¿Primera entrevista o entrevista final? ¿Con un reclutador, con el equipo, o con el jefe directo?

¿Qué sé sobre esta empresa o este puesto?

¿Qué investigaste? ¿Cuál es su misión, producto o servicio principal? ¿Hay algo reciente sobre ellos que leíste?

Las 4 preguntas que más espero en esta entrevista:

Basándote en el puesto y lo que sabes de la empresa, ¿qué preguntas crees que son más probables?

Practica en voz alta: Léete en voz alta el perfil completo que acabas de construir. ¿Suena como una entrevista real que podrías tener pronto? Si la respuesta es sí, estás listo para el siguiente ejercicio.

✦ La investigación sobre la empresa antes de una entrevista no es opcional — es uno de los factores que más diferencia a los candidatos memorables de los candidatos olvidables. Un detalle específico y relevante sobre la empresa en tu respuesta puede cambiar completamente la impresión que dejas.

Ejercicio 2 · *Flujo completo de entrevista*

Escribe tu respuesta para cada etapa

Usa el perfil de entrevista que creaste en el Ejercicio 1 como contexto.

Escribe una respuesta corta para cada etapa del flujo de la entrevista.

Después de escribir cada respuesta, practica decirla en voz alta.

Recuerda: no memorices el texto exacto — prepara las ideas y la estructura.

Una entrevista completa tiene un ritmo y una secuencia. Este ejercicio te ayuda a preparar cada parte de ese ritmo por separado, para que cuando practiques el flujo completo en el Ejercicio 5, ya tengas el material listo y solo necesites ensamblar las piezas.

1 **Saludo y apertura**

etapa *"Good morning / afternoon! Thanks for joining us today."*

¡Buenos días / tardes! Gracias por unirte hoy.

Recuerda: *Respuesta breve, cálida y profesional. Confirma que la conexión funciona (si es remota). Muestra entusiasmo genuino.*

2 **Autopresentación**

etapa *"Could you tell me a little about yourself?"*

¿Podría hablarme un poco sobre usted?

Recuerda: *Usa la estructura presente–pasado–futuro / relevante. Duración: 60–90 segundos. Conecta tu experiencia con el puesto.*

3 **Pregunta sobre experiencia**

etapa *"Can you walk me through your most recent role?"*

¿Puede guiarme a través de su puesto más reciente?

Recuerda: *Describe responsabilidades concretas, logros con datos y el impacto que tuviste. Usa verbos de acción del Capítulo 5.*

4 **Pregunta de comportamiento (STAR)**

etapa *"Tell me about a time you had to solve a difficult problem at work."*

Cuénteme sobre una vez que tuvo que resolver un problema difícil en el trabajo.

Recuerda: *Sigue la estructura STAR: Situation (breve), Task (clara), Action (detallada), Result (con impacto medible).*

5 etapa

Pregunta sobre fortalezas

"What would you say is your greatest professional strength?"

¿Cuál diría que es su mayor fortaleza profesional?

Recuerda: *Nombra una fortaleza específica, conéctala al puesto y respáldala con un ejemplo concreto y un resultado.*

6 etapa

Cierre y preguntas para el entrevistador

"Do you have any questions for us?"

¿Tiene alguna pregunta para nosotros?

Recuerda: *Escribe dos preguntas de calidad. Evita preguntar sobre salario en esta etapa. Demuestra curiosidad genuina sobre el rol y el equipo.*

Practica en voz alta: Practica las seis respuestas en secuencia, como si fuera una entrevista real de principio a fin. Tómate una pausa breve entre cada etapa, como si el entrevistador estuviera procesando tu respuesta antes de continuar. Mide el tiempo total — una buena práctica completa dura entre 10 y 15 minutos.

Ejercicio 3 : *Lista de verificación técnica*

Prepara tu entorno para una entrevista remota

Para cada elemento, evalúa tu situación actual y marca el estado correspondiente.

Si algún elemento no está listo, escribe un plan de mejora concreto en el espacio indicado.

Haz esta verificación el día anterior a cualquier entrevista remota, no el día de la entrevista.

El objetivo es llegar a la entrevista sin sorpresas técnicas que te hagan perder confianza o tiempo.

La preparación técnica para una entrevista remota es tan importante como la preparación del contenido. Un problema de audio, una cámara mal ubicada o un fondo caótico pueden afectar la primera impresión antes de que digas una sola palabra. Este ejercicio te ayuda a eliminar ese riesgo con anticipación.

Conexión a internet

¿Tu conexión es estable? ¿Tienes un plan alternativo si falla?

Estado:

☐ ✓ Probada y estable

☐ ⚠ Necesita mejora

☐ ✗ No probada aún

Mi plan de mejora:

Cámara y posición

¿La cámara está a la altura de los ojos? ¿La imagen es clara?

Estado:

☐ ✓ Bien posicionada

☐ ⚠ Requiere ajuste

☐ ✗ No verificada

Mi plan de mejora:

Iluminación

¿La luz viene desde adelante? ¿Tu cara se ve clara en pantalla?

Estado:

☐ ✓ Iluminación correcta

☐ ⚠ Necesita mejora

☐ ✗ No verificada

Mi plan de mejora:

Fondo

¿El fondo es ordenado y profesional? ¿No hay distracciones visuales?

Estado:

☐ ✓ Fondo limpio y listo

☐ ⚠ Requiere orden

☐ ✗ No preparado

Mi plan de mejora:

Micrófono y audio

¿Tu audio se escucha claro? ¿Hay ruido de fondo eliminado?

Estado:

☐ ✓ Audio claro probado

☐ ⚠ Necesita ajuste

☐ ✗ No probado

Mi plan de mejora:

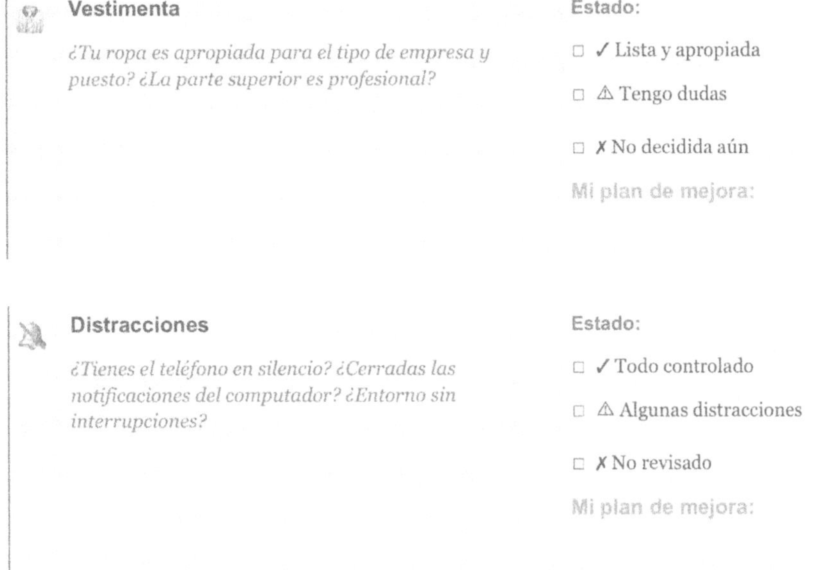

Vestimenta

¿Tu ropa es apropiada para el tipo de empresa y puesto? ¿La parte superior es profesional?

Estado:

☐ ✓ Lista y apropiada

☐ ⚠ Tengo dudas

☐ ✗ No decidida aún

Mi plan de mejora:

Distracciones

¿Tienes el teléfono en silencio? ¿Cerradas las notificaciones del computador? ¿Entorno sin interrupciones?

Estado:

☐ ✓ Todo controlado

☐ ⚠ Algunas distracciones

☐ ✗ No revisado

Mi plan de mejora:

¿Hay algo adicional en tu entorno específico que debas preparar antes de tu próxima entrevista remota?

> Haz siempre una videollamada de prueba el día anterior, usando exactamente la misma plataforma de la entrevista (Zoom, Teams, Google Meet). Pide a alguien de confianza que te diga cómo se ve y escucha todo. Veinte minutos de prueba el día anterior eliminan casi todos los problemas técnicos del día de la entrevista.

Ejercicio 4 · Pedir aclaración con profesionalismo
¿Cómo responder cuando no entiendes?

Lee cada situación — describe un momento en una entrevista donde necesitas aclaración.

Escribe una frase en inglés para manejar esa situación de manera profesional.

Usa las frases del capítulo como referencia, pero adapta la que mejor se ajuste al contexto.

Después de escribir, practica decir cada frase en voz alta hasta que suene natural.

Pedir aclaración de manera profesional es una habilidad de comunicación valorada en cualquier entorno de trabajo. Los entrevistadores no esperan que entiendas todo a la perfección — esperan que manejes la incertidumbre con calma y claridad. Este ejercicio entrena exactamente eso.

S1 El entrevistador acaba de hacer una pregunta larga y compleja. Escuchaste bien pero no entendiste completamente qué te está pidiendo — no sabes si quiere un ejemplo específico o una respuesta más general.

Tipo de frase a usar: *Verificar comprensión — confirmar qué parte de la pregunta quiere que respondas*

Mi respuesta en inglés:

S2 La conexión se cortó por un segundo y perdiste las últimas palabras de la pregunta. El entrevistador terminó de hablar y está esperando tu respuesta.

Tipo de frase a usar: *Pedir repetición — de manera educada y directa*

Mi respuesta en inglés:

S3 El entrevistador usó una expresión o término técnico en inglés que no conoces. Entendiste el resto de la pregunta pero no ese término específico.

Tipo de frase a usar: *Pedir definición de un término específico*

Mi respuesta en inglés:

S4 El entrevistador hizo una pregunta que te tomó completamente por sorpresa. Sabes que tienes algo que decir, pero necesitas unos segundos para organizar las ideas antes de responder.

Tipo de frase a usar: *Ganar tiempo para pensar — de manera que suene reflexiva, no nerviosa*

Mi respuesta en inglés:

S5 Respondiste una pregunta y el entrevistador dice 'Can you elaborate on that?' — quiere que desarrolles más tu respuesta, pero no estás seguro qué parte quiere que amplíes.

Tipo de frase a usar: *Confirmar qué parte quiere que amplíes antes de continuar*

Mi respuesta en inglés:

Practica en voz alta: Practica estas cinco frases en voz alta hasta que salgan automáticamente. En el momento real de la entrevista, no vas a tener tiempo de pensar qué frase usar — necesita ser una reacción natural. Cuanto más practiques estas frases en voz alta, más disponibles estarán cuando las necesites.

◆ Recuerda: pedir aclaración no es señal de debilidad. Es señal de que eres alguien que prefiere entender bien antes de responder. Eso es exactamente lo que se espera de un profesional que va a comunicarse en inglés en un entorno de trabajo real.

Ejercicio 5 · *Simulación grabada*

Haz y evalúa tu propia entrevista completa

Usa el perfil del Ejercicio 1 y las respuestas del Ejercicio 2 como base.

Grábate respondiendo las cinco preguntas a continuación de manera seguida, como si fuera una entrevista real.

No pares a corregirte — termina toda la simulación antes de escucharte.

Después escúchate y completa la tabla de autoevaluación con honestidad.

Este es el ejercicio más importante del capítulo — y probablemente del libro. Nada se acerca más a la experiencia real de una entrevista que grabarte respondiéndola. La primera vez puede ser incómodo. La segunda vez, ya sabes qué mejorar. La tercera vez, notas el progreso.

No esperes una grabación perfecta. Espera una grabación honesta que te dé información real sobre cómo suenas y qué puedes mejorar.

Las 5 preguntas de tu simulación

P1 *"Tell me about yourself."*

Tu presentación personal completa — presente, experiencia relevante, motivación para esta oportunidad.

P2 *"What is your greatest professional strength?"*

Nombra una fortaleza, conéctala al puesto y respalda con un ejemplo concreto con resultado.

P3 *"Tell me about a challenge you faced at work and how you handled it."*

Respuesta STAR completa: situación, tarea, acciones concretas y resultado medible.

P4 *"What is your greatest weakness and what are you doing about it?"*

Debilidad real, impacto reconocido, plan de mejora activo y evidencia de progreso.

P5 *"Why should we hire you for this role?"*

Conecta tus fortalezas con el puesto, muestra conocimiento de la empresa y expresa motivación genuina.

Instrucciones para la grabación:

1. Prepara tu espacio: cámara encendida, fondo limpio, ropa apropiada (como si fuera real).

2. Inicia la grabación y saluda al entrevistador imaginario.

3. Lee cada pregunta en voz alta, haz una pausa breve y responde.

4. NO pares a corregirte — si cometes un error, continúa como lo harías en una entrevista real.

5. Termina con un cierre profesional: agradece y expresa tu interés en el puesto.

AUTOEVALUACIÓN: ESCÚCHATE Y COMPLETA ESTA TABLA:

Escucha tu grabación completa sin interrupciones. Luego vuelve a escucharla sección por sección y evalúa cada criterio con honestidad.

Criterio	Calificación (1–5)	¿Qué puedo mejorar?
Claridad	Calificación (1–5):	¿Qué puedo mejorar?
¿Se entiende lo que dices? ¿Las ideas fluyen con lógica?	□ 1 □ 2 □ 3 □ 4 □ 5	
Confianza	Calificación (1–5):	¿Qué puedo mejorar?
¿Tu voz suena segura? ¿O tensa y apresurada?	□ 1 □ 2 □ 3 □ 4 □ 5	
Pronunciación	Calificación (1–5):	¿Qué puedo mejorar?
¿Se entiende el inglés? ¿Hay palabras que necesitas practicar más?	□ 1 □ 2 □ 3 □ 4 □ 5	
Estructura	Calificación (1–5):	¿Qué puedo mejorar?
¿Tus respuestas tienen inicio, desarrollo y cierre claros?	□ 1 □ 2 □ 3 □ 4 □ 5	
Profesionalismo	Calificación (1–5):	¿Qué puedo mejorar?
¿El tono es apropiado? ¿Usaste vocabulario profesional?	□ 1 □ 2 □ 3 □ 4 □ 5	
Duración	Calificación (1–5):	¿Qué puedo mejorar?
¿Las respuestas son demasiado cortas, demasiado largas o bien calibradas?	□ 1 □ 2 □ 3 □ 4 □ 5	
Naturalidad	Calificación (1–5):	¿Qué puedo mejorar?
¿Suenas como tú mismo/ misma o como alguien recitando un texto?	□ 1 □ 2 □ 3 □ 4 □ 5	

· · ·

Las dos cosas que más me gustaron de mi simulación:

Las dos cosas que más quiero mejorar para la próxima práctica:

Mi plan de práctica para la próxima semana (¿cuándo y qué voy a practicar?):

Practica en voz alta: Repite esta simulación grabada al menos una vez más antes de tu próxima entrevista real. La segunda grabación siempre es mejor que la primera. La tercera mejor que la segunda. Cada repetición cierra la brecha entre cómo suenas ahora y cómo quieres sonar el día que importa.

✦ Nota: 1 = necesita mucho trabajo · 3 = en desarrollo · 5 = sólido y consistente. Sé honesto/a contigo. Una autoevaluación real te da información útil. Una autoevaluación inflada solo retrasa el progreso.

CADA SIMULACIÓN TE ACERCA UN PASO MÁS AL RESULTADO QUE BUSCAS.

Has completado los ejercicios más exigentes del libro. Definiste tu entrevista ideal, practicaste cada etapa del flujo, preparaste tu entorno técnico, entrenaste el manejo de situaciones difíciles y te grabaste en una simulación completa. Eso es una preparación que la mayoría de los candidatos nunca hace.

En el capítulo final vas a aprender los últimos detalles estratégicos que pueden marcar la diferencia entre quedarte cerca y conseguir el trabajo: las preguntas inteligentes que puedes hacerle al entrevistador, cómo cerrar la conversación dejando una impresión poderosa, qué hacer en las horas siguientes a la entrevista y cómo mantener el momentum hasta recibir una respuesta.

CAPÍTULO 7

CÓMO CERRAR BIEN UNA ENTREVISTA Y DEJAR UNA IMPRESIÓN PROFESIONAL

Hay algo que casi nadie te dice sobre las entrevistas de trabajo: los últimos cinco minutos suelen recordarse más que los primeros veinte. No porque sean más importantes en términos de contenido, sino porque son los últimos. El cerebro humano tiene una tendencia natural a recordar los finales con especial claridad — lo que los psicólogos llaman el efecto de recencia. Y eso significa que cómo terminas una entrevista puede influir significativamente en cómo te recuerda el entrevistador.

Muchos candidatos invierten semanas preparando respuestas a preguntas difíciles, practicando el método STAR, aprendiendo vocabulario profesional y haciendo simulaciones. Todo eso es esencial. Pero luego llegan al final de la entrevista y no saben qué preguntar, terminan con un "okay, thank you, bye" incómodo o simplemente desaparecen sin dejar una impresión clara.

Este capítulo se enfoca en esa última parte: cómo hacer preguntas inteligentes al entrevistador, cómo manejar el tema del salario si surge, cómo cerrar la conversación con confianza y profesionalismo, y qué hacer en los días que siguen a la entrevista para mantener una imagen sólida hasta el final del proceso.

POR QUÉ EL FINAL DE LA ENTREVISTA IMPORTA TANTO

Piensa en la última vez que viste una película que te gustó mucho. Probablemente recuerdas cómo terminó. Ahora piensa en una película que tuvo un final decepcionante. Quizás la trama era buena hasta el último momento, pero el cierre arruinó la experiencia completa. Las entrevistas funcionan de una manera similar.

Un candidato que respondió bien la mayoría de las preguntas pero cerró de manera abrupta, informal o desorganizada puede dejar una impresión menos positiva que alguien que tuvo algunas respuestas imperfectas pero cerró con confianza, curiosidad y profesionalismo. El cierre no borra lo que pasó antes, pero sí lo enmarca. Y ese marco final es lo que el entrevistador lleva consigo cuando escribe sus notas o habla con el equipo de contratación después.

Un cierre sólido comunica cinco cosas simultáneamente: que eres alguien preparado, que tienes interés genuino en el puesto, que puedes comunicarte con claridad incluso bajo presión, que respetas el tiempo de la otra persona, y que eres alguien con quien sería agradable trabajar. Cinco mensajes poderosos en los últimos cinco minutos.

> ✦ Incluso si cometiste un error en alguna respuesta anterior, un cierre profesional puede ayudar a reencuadrar la impresión general. No borra los errores, pero demuestra que, incluso cuando las cosas no van perfectas, sabes cómo mantenerte profesional y orientado a dejar una buena imagen.

"DO YOU HAVE ANY QUESTIONS FOR US?" LA PREGUNTA MÁS SUBESTIMADA

En algún momento antes del final, el entrevistador va a hacer esta pregunta. Puede sonar como un trámite, como el equivalente a preguntar "¿algo más?" antes de cerrar la reunión. Pero no lo es.

Para los entrevistadores experimentados, este momento es una de las evaluaciones más reveladoras de toda la conversación. Lo que preguntas, o si preguntas o no, dice mucho sobre tu nivel de preparación, tu curiosidad profesional y la seriedad con la que estás considerando este puesto.

Un candidato que dice "No, I think that covers everything, thank you" está cerrando una puerta de oportunidad. Está comunicando, quizás sin darse cuenta, que no investigó lo suficiente sobre la empresa, que no tiene preguntas sobre el equipo o el rol, o que simplemente no tiene curiosidad genuina sobre el lugar al que quiere ir a trabajar todos los días.

En cambio, un candidato que hace dos o tres preguntas bien pensadas está demostrando que vino preparado, que escuchó activamente durante la entrevista, que tiene criterios para evaluar si este puesto es el correcto para él, y que está pensando más allá de "conseguir el trabajo" hacia "qué tan bien me voy a desempeñar y crecer aquí".

Esa diferencia de percepción puede inclinar la balanza entre dos candidatos de nivel similar.

PREGUNTAS INTELIGENTES SOBRE EL ROL

"What does a typical day or week look like in this role?"

¿Cómo es un día o una semana típica en este puesto?

¿Por qué es una buena pregunta? Demuestra que estás pensando en la realidad cotidiana del trabajo, no solo en el título del puesto. Muestra madurez profesional y pensamiento práctico.

Cuándo usarla: Ideal para cualquier tipo de entrevista. Especialmente útil en primeras entrevistas donde la descripción del puesto es genérica.

"What would success look like in this role at the six-month mark?"

¿Cómo se vería el éxito en este puesto a los seis meses?

¿Por qué es una buena pregunta? Comunica que ya estás pensando en cómo tener un impacto desde el primer día. Muestra orientación a resultados y que no te conformas con simplemente 'ocupar el puesto'.

Cuándo usarla: Muy efectiva en entrevistas para puestos donde los resultados son cuantificables o donde hay expectativas de desempeño claras.

PREGUNTAS INTELIGENTES SOBRE EL EQUIPO Y LA CULTURA

"How would you describe the team culture and how people collaborate here?"

¿Cómo describiría la cultura del equipo y cómo colaboran las personas aquí?

¿Por qué es una buena pregunta? Demuestra que valoras el ambiente de trabajo y que estás evaluando activamente si eres compatible con el equipo, no solo si el equipo es compatible contigo.

Cuándo usarla: Funciona bien en entrevistas con el gerente directo o con miembros del equipo. Puede generar una conversación más genuina y reveladora.

"What do you enjoy most about working here?"

¿Qué es lo que más disfruta de trabajar aquí?

¿Por qué es una buena pregunta? Invita al entrevistador a compartir su perspectiva personal, lo que humaniza la conversación y revela información real sobre la empresa que no encontrarías en el sitio web.

Cuándo usarla: Úsala con entrevistadores que parecen cómodos en la conversación. Funciona especialmente bien si el entrevistador es alguien del equipo, no solo de Recursos Humanos.

PREGUNTAS SOBRE LOS PRÓXIMOS PASOS

"What are the next steps in the hiring process from here?"

¿Cuáles son los próximos pasos en el proceso de contratación a partir de ahora?

¿Por qué es una buena pregunta? Completamente profesional y esperada. Demuestra organización y que manejas tu búsqueda de empleo de manera proactiva. También te da información práctica que necesitas.

Cuándo usarla: Casi siempre apropiada. Si no la haces, el entrevistador generalmente la explica de todas formas, pero hacer la pregunta muestra iniciativa.

"Is there anything about my background or experience that you'd like me to clarify?"

¿Hay algo de mi trayectoria o experiencia que le gustaría que aclarara?

¿Por qué es una buena pregunta? Una pregunta sofisticada que demuestra humildad, apertura al feedback y conciencia de que el entrevistador puede tener dudas que no expresó abiertamente. Les da una oportunidad de resolver inquietudes.

Cuándo usarla: Úsala al final, especialmente si sientes que alguna de tus respuestas no fue tan clara como hubieras querido. Puede ser una oportunidad de reforzar o aclarar un punto importante.

PREGUNTAS QUE ES MEJOR EVITAR EN LA PRIMERA ENTREVISTA

Así como hay preguntas que elevan tu imagen, hay otras que pueden bajarla. En la primera entrevista, es mejor evitar:

Preguntas sobre salario o beneficios de manera directa. A menos que el entrevistador lo introduzca primero, espera al menos a la segunda ronda.

Preguntas sobre cuántos días de vacaciones tienes. En la primera entrevista, el foco debe estar en el rol y el impacto, no en los beneficios.

Preguntas muy generales que hubieras podido responder investigando. "¿A qué se dedica esta empresa?" demuestra que no hiciste la tarea.

Preguntas sobre posibilidades de ascenso inmediato. Suena como que ya estás pensando en salir del puesto antes de entrar.

CÓMO INTRODUCIR TUS PREGUNTAS CON NATURALIDAD

Tan importante como qué preguntas es cómo las introduces. Pasar de "okay, I don't have more questions" a preguntar de manera fluida requiere unas frases de transición que se sienten naturales en inglés. Aquí tienes las más útiles:

> **Para introducir tus preguntas con confianza**
>
> *"Yes, I do have a couple of questions if that's okay."* → Sí, tengo un par de preguntas si está bien.
>
> *"I was wondering if you could tell me more about..."* → Me preguntaba si podría contarme más sobre...
>
> *"Something I'd love to understand better is..."* → Algo que me gustaría entender mejor es...
>
> *"During our conversation I was thinking about... and I'd love to ask..."* → Durante nuestra conversación estaba pensando en... y me gustaría preguntar...
>
> *"Based on what you've shared today, I'm curious about..."* → Basándome en lo que compartió hoy, tengo curiosidad sobre...

CÓMO HABLAR DE SALARIO SI EL TEMA APARECE

El dinero es uno de los temas más incómodos para muchos candidatos en una entrevista, y esa incomodidad suele convertirse en respuestas que suenan torpes, evasivas o en el extremo opuesto, demasiado directas para el momento. Ninguna de esas opciones sirve.

Lo primero que hay que entender es que el momento en que se habla de salario varía mucho según la empresa, el tipo de puesto y el país. En algunos procesos, el reclutador introduce el tema en la primera llamada de preselección para alinear expectativas rápidamente. En otros, el tema aparece solo en una etapa avanzada del proceso, cuando ya hay un interés mutuo claro. Y hay procesos donde la empresa hace una oferta directamente sin preguntar las expectativas del candidato.

Tu objetivo es siempre manejar el tema con calma, con información y sin parecer que estás en una negociación agresiva ni que estás dando una respuesta que no preparaste. Hay tres escenarios principales que debes saber manejar.

> **Escenario 1: El entrevistador pregunta directamente por tus expectativas de salario**
>
> *"Based on my research and experience, I'd expect a salary in the range of [X to Y]. That said, I'm open to discussing the full compensation package, including benefits and growth opportunities."*
>
> Basándome en mi investigación y experiencia, esperaría un salario en el rango de [X a Y]. Dicho esto, estoy abierto/a a discutir el paquete completo de compensación, incluyendo beneficios y oportunidades de crecimiento.
>
> Nota: Investiga el rango salarial del mercado para ese puesto en esa región antes de la entrevista. Ofrecer un rango en lugar de un número fijo da flexibilidad. Mencionar el paquete completo muestra que piensas más allá del número.

"I'd love to learn more about the full scope of the role before discussing a specific number. Could we revisit that once I have a clearer picture of the responsibilities?"

Me gustaría aprender más sobre el alcance completo del puesto antes de discutir un número específico. ¿Podríamos retomar ese tema una vez que tenga una imagen más clara de las responsabilidades?

Nota: Esta respuesta es completamente profesional y legítima en primeras entrevistas. Demuestra que no tomas decisiones sin información completa. Sin embargo, si el reclutador insiste, es mejor dar un rango aproximado que parecer evasivo.

"I'm open to a competitive salary that reflects the scope of the role and my level of experience. I'm confident we can find something that works well for both sides."

Estoy abierto/a a un salario competitivo que refleje el alcance del puesto y mi nivel de experiencia. Estoy seguro/a de que podemos encontrar algo que funcione bien para ambas partes.

Nota: Esta opción funciona cuando no tienes información suficiente sobre el rango del mercado o cuando el puesto es muy diferente a tus experiencias anteriores. Comunica flexibilidad sin ceder en el valor de tu experiencia.

✦ Investiga el rango salarial del puesto antes de cada entrevista. Usa fuentes como LinkedIn Salary, Glassdoor o encuestas sectoriales de tu región. Llegar a la entrevista con un rango claro en mente te permite responder con confianza en lugar de improvisar un número en el momento.

CÓMO CERRAR LA ENTREVISTA CON CONFIANZA

El cierre de una entrevista en inglés tiene su propia estructura y sus propias frases. No es simplemente decir "gracias" y colgar. Es un momento que, cuando se hace bien, refuerza todo lo positivo que construiste durante la conversación. Cuando se hace mal, puede eclipsar parcialmente una buena entrevista.

La clave es lograr tres cosas en el cierre: expresar gratitud genuina, confirmar tu interés en el puesto y hacer una pregunta o comentario sobre los próximos pasos. Esos tres elementos juntos dan la impresión de alguien organizado, interesado y profesional.

Frases para cerrar la entrevista con solidez

"Thank you so much for your time today — I really appreciated this conversation." → Muchas gracias por su tiempo hoy — realmente aprecié esta conversación.

"I've learned a lot about the role and the team, and I'm even more excited about the opportunity." → Aprendí mucho sobre el puesto y el equipo, y estoy aún más entusiasmado/a con la oportunidad.

"I look forward to hearing about the next steps in the process." → Espero con entusiasmo saber sobre los próximos pasos en el proceso.

"This has been a really valuable conversation for me." → Esta ha sido una conversación realmente valiosa para mí.

"I'm very interested in moving forward with this opportunity." → Estoy muy interesado/a en avanzar con esta oportunidad.

"Thank you again — I hope to speak with you again soon." → Muchas gracias nuevamente — espero hablar con usted pronto.

EJEMPLOS DE CIERRE: DÉBIL VS. PROFESIONAL

Situación: El entrevistador dice que la entrevista ha terminado

✗ Cierre débil

"Okay. Thanks. Bye."

✓ Cierre profesional

"Thank you so much — this has been really helpful. I'm genuinely excited about the position and I look forward to hearing from you about the next steps."

¿Por qué funciona mejor? La primera versión no expresa nada: ni gratitud específica, ni interés, ni anticipación. La segunda hace tres cosas en dos oraciones: agradece, confirma interés genuino y menciona los próximos pasos. Es cálida pero profesional, y tarda diez segundos en decirse.

Situación: La entrevista fue difícil y no salió perfecta

✗ Cierre débil

"Yeah... I think I didn't answer some questions very well. Sorry about that."

✓ Cierre profesional

"Thank you for the opportunity. I really enjoyed the conversation and learning more about what the team is working on. I look forward to the next steps."

¿Por qué funciona mejor? La primera versión llama la atención sobre las imperfecciones de la entrevista en el último momento, que es exactamente lo contrario de lo que quieres hacer en el cierre. La segunda ignora lo que no salió bien (que el entrevistador ya evaluó) y termina con una nota positiva y orientada al futuro.

QUÉ HACER DESPUÉS DE LA ENTREVISTA

La entrevista terminó. Desconectaste la videollamada, saliste del edificio, o simplemente cerraste la computadora. Y ahora estás en ese espacio peculiar entre el final de la entrevista y el momento en que recibes una respuesta. ¿Qué haces ahí?

Reflexiona mientras los detalles están frescos

Lo antes posible después de la entrevista, antes de que los detalles se mezclen y se difuminen, tómate diez o quince minutos para escribir tus impresiones. ¿Qué preguntas llegaron que no esperabas? ¿Qué respuesta salió especialmente bien? ¿Dónde sentiste que te quedaste corto? ¿Hubo alguna pregunta sobre la empresa que no supiste responder?

Ese análisis posterior es uno de los recursos más subestimados en la preparación para entrevistas. Si llegas a una segunda ronda con la misma empresa, esas notas son oro. Y si el proceso no avanza, esas notas te preparan para la próxima oportunidad mejor de lo que estarías sin ellas.

Mantén la calma durante la espera

La espera después de una entrevista puede ser uno de los momentos más ansiosos del proceso de búsqueda de empleo. Los candidatos tienden a analizar cada respuesta que dieron, a preguntarse si el silencio del reclutador es una señal negativa, o a interpretar cada pequeño detalle como un indicador del resultado.

La realidad es que los procesos de contratación suelen tomar más tiempo del que los candidatos esperan, por razones que no tienen nada que ver con el desempeño del candidato. Reuniones de equipo, ausencias, cambios de presupuesto, otros candidatos en etapas más avanzadas. Muchas variables que están completamente fuera de tu control.

Lo que sí puedes controlar es seguir con tu búsqueda con la misma energía, mantener tu preparación activa y, si corresponde, enviar un mensaje de seguimiento profesional.

CÓMO ESCRIBIR UN MENSAJE DE SEGUIMIENTO EN INGLÉS

Enviar un mensaje después de una entrevista es una práctica común en entornos de trabajo internacionales, especialmente en empresas de habla inglesa. No es obligatorio en todos los contextos, pero cuando se hace bien, puede reforzar una impresión positiva y mostrar que eres alguien profesional y detallista.

El mensaje de seguimiento ideal tiene tres características: es breve (no más de tres o cuatro oraciones), es personalizado (menciona algo específico de la conversación) y es genuino (no suena a una plantilla que enviaste a diez empresas).

Subject: Thank you — [Position Title] Interview

Dear [Name],

Thank you so much for taking the time to speak with me today about the [Position] role at [Company]. I really enjoyed learning more about the team's work and the direction the company is heading.

Our conversation has made me even more excited about the opportunity, and I look forward to the next steps in the process.

Please don't hesitate to reach out if you need any additional information from me.

Best regards,

[Your name]

En español: Agradece el tiempo, menciona algo específico de la conversación (la dirección de la empresa, el trabajo del equipo), confirma tu interés y ofreces estar disponible. Tono: cálido, profesional y breve.

Tono y uso: Este es el formato más seguro y versátil. Funciona para casi cualquier tipo de empresa. Lo más importante es el detalle personalizado — cambiar 'the team's work and the direction the company is heading' por algo específico que se discutió hace que el mensaje suene genuino y no genérico.

Subject: Following up — [Position Title] Interview

Dear [Name],

I hope you're doing well. I wanted to follow up on our conversation from [date] about the [Position] role.

I remain very interested in the opportunity and would be happy to provide any additional information that might be helpful.

Thank you again for your time, and I look forward to hearing from you.

Best regards,

[Your name]

En español: Un recordatorio amable y no invasivo. Reafirma interés, ofrece información adicional y agradece sin sonar impaciente ni insistente.

Tono y uso: Este mensaje funciona cuando el plazo de respuesta que te dieron ya pasó, o cuando han pasado más de cinco días sin noticias. No es señal de debilidad hacer seguimiento — es señal de profesionalismo. Un solo mensaje de seguimiento es apropiado; más de uno en poco tiempo puede volverse contraproducente.

Mensaje 3 — Seguimiento después de una segunda entrevista o entrevista final
Para etapas avanzadas del proceso donde la relación con el entrevistador es más directa

Subject: Thank you for the opportunity

Dear [Name],

Thank you for the thoughtful conversation yesterday. I especially appreciated the discussion about [specific topic from the interview] — it gave me a much clearer picture of the challenges and opportunities ahead.

I'm genuinely excited about the possibility of joining the team and contributing to [something specific the company is working on].

Please let me know if there's anything else you need from me as you finalize your decision.

Warm regards,

[Your name]

En español: Más personal y específico que el primero. Menciona un tema concreto de la conversación y conecta con algo específico de la empresa o el equipo. Tono: genuino, confiado y cálido.

Tono y uso: Para segunda entrevista o final. El nivel de personalización aquí es clave — si no cambias los detalles específicos de la conversación, el mensaje pierde su impacto. 'Warm regards' es ligeramente más cálido que 'Best regards' y apropiado cuando ya hay una relación más establecida con el entrevistador.

LOS ERRORES MÁS COMUNES AL CERRAR UNA ENTREVISTA

No tener preguntas preparadas

Ya lo discutimos, pero merece repetición: responder "No, I think that covers everything" a la pregunta de si tienes preguntas es uno de los errores más costosos del cierre. Prepara siempre entre tres y cinco preguntas antes de cada entrevista, sabiendo que el entrevistador puede responder algunas en el transcurso de la conversación y necesitarás tener opciones de sobra.

Hacer preguntas sobre salario o beneficios prematuramente

En la primera entrevista, especialmente si fue con un reclutador de Recursos Humanos, hacer preguntas sobre cuántos días de vacaciones tienes, si hay flexibilidad de horario o cuál es el bono anual puede dar la impresión equivocada de que lo que más te importa son los beneficios y no el trabajo en sí. Esas preguntas tienen su momento — que generalmente es cuando ya hay un interés mutuo establecido o cuando llega una oferta.

Cerrar de manera demasiado abrupta o informal

"Okay, thanks, bye" después de una hora de entrevista seria no hace justicia a todo el trabajo que hiciste. Tampoco lo hace un cierre nervioso, apresurado o lleno de disculpas. El cierre merece al menos dos o tres oraciones que lo hagan sentir como un final real, no como una interrupción.

Enviar un mensaje de seguimiento demasiado largo

Un mensaje de seguimiento que ocupa cinco párrafos y reitera todos los puntos de la entrevista no es un seguimiento: es una segunda entrevista no solicitada. Los mensajes de seguimiento más efectivos son cortos, específicos y orientados a mantener la comunicación abierta, no a resumir tu candidatura completa.

Dejar de prepararse después de la entrevista

Si el proceso tiene múltiples rondas, el tiempo entre entrevistas es tiempo de preparación activa, no de espera pasiva. Investiga más sobre la empresa, practica respuestas a preguntas que sintiste que no manejaste tan bien, y mantén tu vocabulario y fluidez activos. Los candidatos que avanzan en procesos de múltiples etapas suelen ser los que no bajan la guardia entre rondas.

DEJAR UNA IMPRESIÓN FINAL QUE SE RECUERDA

Hemos llegado al final del capítulo y al cierre del círculo completo de la entrevista. Desde el primer saludo hasta el mensaje de seguimiento, has aprendido cómo manejar cada etapa con preparación, estructura y confianza.

Dejar una impresión final poderosa no requiere inglés perfecto. Requiere claridad: saber qué quieres decir y decirlo de manera organizada. Requiere calma: poder mantenerte profesional incluso cuando los nervios están presentes. Requiere preparación: llegar con preguntas, con investigación, con un rango salarial en mente y con un mensaje de seguimiento ya pensado. Y requiere genuinidad: interés real en el puesto, en la empresa y en la conversación que acabas de tener.

Todo eso junto crea la impresión de alguien con quien vale la pena trabajar. No el candidato más perfecto, sino el candidato más preparado. Y eso, invariablemente, es lo que más importa.

> ◆ Una impresión poderosa se construye durante toda la entrevista, pero se sella en el cierre. El entrevistador va a recordar cómo terminó la conversación. Hazla memorable por las razones correctas: por tu curiosidad, tu confianza y tu profesionalismo.

TODO LO QUE AHORA LLEVAS CONTIGO

Empezaste este libro con la pregunta de cómo hablar inglés en una entrevista de trabajo. Y a lo largo de siete capítulos construiste algo mucho más completo que un conjunto de frases memorizadas.

Aprendiste cómo funciona una entrevista en inglés desde adentro: qué evalúan realmente los entrevistadores, cómo está estructurado el proceso, qué esperar en cada etapa. Aprendiste a responder las preguntas más comunes con estructura y confianza, usando el método STAR para convertir cualquier experiencia en una historia convincente. Aprendiste a manejar las preguntas más difíciles — fortalezas, debilidades, logros, motivaciones — sin perder la calma ni la autenticidad.

Aprendiste un vocabulario profesional que transforma respuestas básicas en respuestas memorables. Practicaste simulaciones completas que te llevaron lo más cerca posible de una entrevista real antes del día real. Te preparaste para el formato que domina el mercado internacional: la entrevista remota. Y ahora terminaste aprendiendo cómo cerrar con fuerza, hacer preguntas inteligentes, manejar el tema del salario y hacer seguimiento de manera profesional.

Eso no es el vocabulario de alguien que está aprendiendo inglés para sobrevivir. Eso es la preparación de alguien que está listo para competir a nivel internacional con herramientas reales.

Lo que viene ahora es continuar practicando. El aprendizaje de un idioma no tiene un punto de llegada fijo — tiene momentos de progreso que se hacen más frecuentes cuanto más practicas.

Cada entrevista que hagas, incluso aquellas que no resultan en una oferta, es práctica que te hace mejor. Cada conversación en inglés, cada video que escuchas, cada respuesta que ensayas en voz alta te acerca a la versión de ti mismo que responde con fluidez y confianza en cualquier situación profesional.

EJERCICIOS DE PRÁCTICA DEL CAPÍTULO 7

El cierre de una entrevista no es el momento de improvisar. Es el momento donde toda tu preparación se muestra de manera más elegante: preguntas inteligentes, respuestas de salario sin nervios, una despedida profesional y un mensaje de seguimiento que te mantiene en la mente del entrevistador. Estos cinco ejercicios te ayudan a preparar exactamente eso.

Como siempre: escribe primero, practica en voz alta después. La confianza viene de haber ensayado tanto que el cierre ya no se siente como un momento de presión, sino como el punto donde naturalmente muestras quién eres.

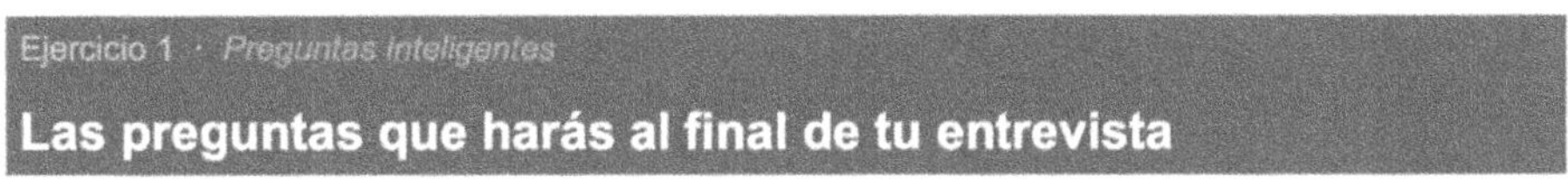

Piensa en el puesto al que estás aplicando o al que te gustaría aplicar.

Para cada una de las cinco tarjetas, escribe una pregunta en inglés sobre el tema indicado.

Bajo cada pregunta, escribe brevemente por qué esa pregunta es relevante para el puesto específico.

El objetivo es que tus preguntas suenen preparadas y genuinas, no genéricas.

Recuerda: el entrevistador también evalúa las preguntas que haces. Preguntas que demuestran que investigaste, que ya estás pensando en cómo tener impacto desde el primer día, o que revelan curiosidad genuina sobre el equipo y la cultura, son las que te diferencian de otros candidatos.

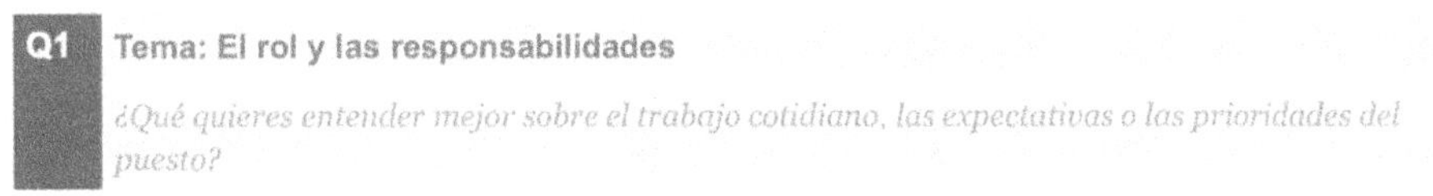

Mi pregunta en inglés:

¿Por qué esta pregunta es relevante para el puesto?

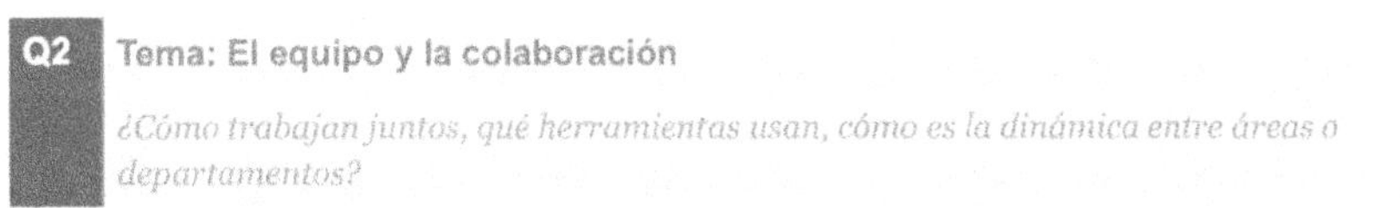

Mi pregunta en inglés:

. . .

¿Por qué esta pregunta es relevante para el puesto?

Q3 — Tema: Las expectativas de éxito

¿Cómo se mide el desempeño, qué significa hacerlo bien en este puesto a los 3, 6 o 12 meses?

Mi pregunta en inglés:

¿Por qué esta pregunta es relevante para el puesto?

Q4 — Tema: La cultura de la empresa

¿Cómo describirían el ambiente de trabajo, qué valoran, qué disfruta el entrevistador de trabajar ahí?

Mi pregunta en inglés:

¿Por qué esta pregunta es relevante para el puesto?

Q5 — Tema: Los próximos pasos del proceso

¿Qué viene después, cuándo esperan tomar una decisión, hay más rondas o evaluaciones?

Mi pregunta en inglés:

¿Por qué esta pregunta es relevante para el puesto?

Practica en voz alta: Lee tus cinco preguntas en voz alta, una después de la otra, usando frases de introducción naturales como 'I was wondering if you could tell me...' o 'Something I'd love to understand better is...'. Practica hasta que las preguntas salgan fluidas, no leídas.

✦ Prepara siempre cinco preguntas aunque planees hacer solo dos o tres. El entrevistador puede responder algunas en el transcurso de la conversación, y necesitas tener opciones de sobra para no quedarte sin nada que preguntar cuando llegue el momento.

Cómo responder si el tema del salario aparece

Prepara una respuesta específica para cada uno de los tres escenarios de salario.

Escribe la respuesta directamente en inglés — puedes apoyarte en las frases del capítulo como punto de partida.

Adapta cada respuesta a tu situación real: tu nivel de experiencia, el tipo de puesto y el mercado laboral de tu región.

No hay una respuesta única correcta — lo importante es que la tuya suene natural y preparada, no improvisada.

El nerviosismo frente a las preguntas de salario casi siempre viene de no haber pensado en la respuesta antes. Este ejercicio elimina ese nerviosismo de raíz: cuando hayas escrito y practicado estas tres respuestas, el tema del salario va a dejar de sentirse como una trampa y va a convertirse en una parte más de la conversación que manejas con calma.

Escenario 1 — Respuesta con rango salarial específico

El entrevistador pregunta directamente: "What are your salary expectations?"

Recuerda: *Investiga el rango de mercado antes de la entrevista. Da un rango (no un número fijo) y menciona que estás abierto/a a discutir el paquete completo.*

Escribe aquí tu respuesta en inglés:

Escenario 2 — Respuesta flexible sin número específico

El entrevistador pregunta y prefieres no dar un número todavía.

Recuerda: *Es válido decir que quieres conocer mejor el alcance del rol antes de discutir un número. Sé claro/a, no evasivo/a. Si insisten, da al menos un rango aproximado.*

Escribe aquí tu respuesta en inglés:

Escenario 3 — Respuesta abierta y orientada a la negociación

El entrevistador pregunta y quieres mostrar flexibilidad manteniendo tu valor.

Recuerda: *Enfócate en el valor que aportas y en encontrar algo que funcione para ambas partes. Evita mencionar urgencia económica personal — el foco siempre debe estar en el rol y la responsabilidad.*

Escribe aquí tu respuesta en inglés:

Practica en voz alta: Practica los tres escenarios en voz alta, como si el entrevistador los estuviera preguntando en tiempo real. El tono importa tanto como las palabras: practica sonar calmado/a y seguro/a, no nervioso/a ni a la defensiva.

✦ Haz tu investigación de mercado antes de cada entrevista. Una respuesta de salario preparada con datos reales suena completamente diferente a una que se improvisa en el momento. LinkedIn Salary, Glassdoor y encuestas de tu sector son buenos puntos de partida.

Ejercicio 3 · *Frases de cierre profesional*

Las palabras con las que terminas tu entrevista

Para cada una de las cinco tarjetas, escribe una frase en inglés que usarías para cerrar una entrevista.

El propósito de cada frase está indicado — elige las palabras que se sientan más naturales para ti.

Debajo de cada frase, escribe su significado en español para confirmar que entiendes bien lo que estás diciendo.

Después de escribir las cinco, practica decirlas en secuencia, como si fuera el cierre real de una entrevista.

Las frases de cierre no necesitan ser complicadas. Necesitan ser genuinas, claras y profesionales. Un cierre de veinte segundos bien ejecutado puede dejar una impresión que dura mucho más que eso. Elige las frases con las que te sientes más cómodo/a y hazlas tuyas.

1 Propósito de esta frase:

Agradecer el tiempo del entrevistador de manera específica y genuina

Mi frase en inglés:

Significado en español:

2 Propósito de esta frase:

Expresar que la conversación te dejó aún más interesado/a en el puesto

Mi frase en inglés:

Significado en español:

3 Propósito de esta frase:

Confirmar tu interés en avanzar en el proceso

Mi frase en inglés:

Significado en español:

4 Propósito de esta frase:

Mencionar que esperas saber sobre los próximos pasos

Mi frase en inglés:

Significado en español:

5 Propósito de esta frase:

Despedirte de manera cálida y profesional

Mi frase en inglés:

Significado en español:

Practica en voz alta: Ahora practica las cinco frases en secuencia, sin pausas largas entre ellas, como si fueran el cierre fluido de una conversación real. Cuando lo hagas varias veces seguidas, vas a notar que el cierre empieza a sonar natural y no ensayado — que es exactamente el objetivo.

✦ No necesitas usar las cinco frases en cada entrevista. Escoge dos o tres que fluyan bien juntas y que se sientan auténticas para ti. La naturalidad de pocas frases bien elegidas siempre supera la rigidez de un guión largo.

Escribe tu mensaje post-entrevista en inglés

Usa el espacio de cada sección para construir tu mensaje de seguimiento completo, parte por parte.

Personaliza cada sección con detalles específicos de una entrevista real o imaginaria.

Después de completar todas las secciones, lee el mensaje completo y verifica que fluya de manera natural.

El mensaje final debe tener entre 3 y 5 oraciones — breve, personalizado y profesional.

Un buen mensaje de seguimiento no resume toda la entrevista ni repite todos tus puntos fuertes. Hace tres cosas simples: agradece el tiempo, menciona algo específico y genuino de la conversación, y confirma tu interés. Eso es todo lo que necesita.

Línea de asunto (Subject line):

Ej: Thank you — [Título del puesto] / Following up on our conversation

Saludo:

Usa el nombre de la persona si lo tienes. Ej: 'Dear Sarah,' o 'Dear Mr. / Ms. [Apellido],'

Agradecimiento + detalle específico de la conversación:

¿Qué momento, tema o información de la entrevista puedes mencionar de manera genuina? Eso hace que el mensaje no suene genérico.

Confirmación de interés:

Una oración que reafirme que estás interesado/a en la oportunidad y en seguir avanzando en el proceso.

Cierre y disponibilidad:

Ofrece estar disponible para cualquier información adicional y despídete de manera profesional.

Firma:

Ej: Best regards, / Warm regards, + tu nombre completo + datos de contacto si los incluyes

Ahora escribe tu mensaje completo aquí, uniendo todas las partes:

Practica en voz alta: Lee tu mensaje final en voz alta para verificar que suena natural y fluido. Si alguna frase se siente torpe al decirla, probablemente también se sentirá torpe al leerla. Ajusta hasta que todo suene como tú cuando hablas de manera profesional.

❖ El mensaje de seguimiento más efectivo llega dentro de las 24 horas después de la entrevista, cuando la conversación todavía está fresca para el entrevistador. Esperar varios días reduce su impacto significativamente.

Practica el cierre de tu entrevista de principio a fin

Imagina que estás en los últimos diez minutos de una entrevista real para el puesto que más deseas.

Prepara y escribe tu respuesta para cada etapa del cierre, usando todo lo que trabajaste en este capítulo.

Después, practica todo en voz alta de manera seguida, sin pausas largas entre etapas.

Si puedes, grábate y escúchate: evalúa cómo sonaste con la tabla de autoevaluación al final.

Este ejercicio integra las cuatro habilidades del cierre en un flujo continuo: preguntas inteligentes, manejo del salario, cierre profesional y despedida con confianza. Cuando lo practiques todo junto, vas a notar que el final de la entrevista empieza a sentirse como una oportunidad, no como un obstáculo.

Mi escenario de entrevista:

Puesto: ____

Empresa / sector: _______________________________________

Formato: ☐ Presencial   ☐ Videollamada   ☐ Híbrida

E1   El entrevistador pregunta: "Do you have any questions for us?"

Escribe las dos preguntas más relevantes que harías en este momento. Elige las que mejor demuestren que investigaste, que piensas en el impacto y que tienes curiosidad genuina.

E2   El entrevistador menciona el tema del salario

El entrevistador dice: "Before we wrap up, could you share your salary expectations?" Escribe aquí cómo responderías, usando el escenario que mejor se ajuste a tu situación.

E3	Es hora de cerrar la entrevista

El entrevistador dice: "Well, I think that covers everything from our side. Thank you so much for coming in today." Escribe tu cierre completo: agradecimiento, interés confirmado y mención de próximos pasos.

E4	La despedida final

La entrevista terminó. El entrevistador se levanta (o en video, se prepara para colgar). Escribe exactamente las últimas palabras que dirías — esas que van a quedar resonando después de que la pantalla se apague o la puerta se cierre.

AUTOEVALUACIÓN DEL CIERRE, DESPUÉS DE PRACTICARLO EN VOZ ALTA:

Practica todo el cierre de manera seguida y grábate si puedes. Luego evalúa cada criterio con honestidad. Escala: 1 = necesita mucho trabajo · 3 = en desarrollo · 5 = sólido y natural.

Criterio	Calificación (1–5)	¿Qué mejoraría?
Calidad de las preguntas	Calificación: ☐ 1 ☐ 2 ☐ 3 ☐ 4 ☐ 5	¿Qué mejoraría?
Manejo del salario	Calificación: ☐ 1 ☐ 2 ☐ 3 ☐ 4 ☐ 5	¿Qué mejoraría?
Naturalidad del cierre	Calificación: ☐ 1 ☐ 2 ☐ 3 ☐ 4 ☐ 5	¿Qué mejoraría?
Confianza al hablar	Calificación: ☐ 1 ☐ 2 ☐ 3 ☐ 4 ☐ 5	¿Qué mejoraría?
Profesionalismo general	Calificación: ☐ 1 ☐ 2 ☐ 3 ☐ 4 ☐ 5	¿Qué mejoraría?

Lo que más me gustó de mi cierre:

Lo que practicaré antes de mi próxima entrevista real:

> **Practica en voz alta:** Repite la simulación completa al menos una vez más, esta vez sin releer lo que escribiste. Intenta que las respuestas salgan de memoria y de manera fluida. Cada repetición te acerca más al punto donde el cierre de la entrevista se siente como algo que haces naturalmente, no como algo que tienes que recordar.

> ✦ El cierre de una entrevista dura apenas unos minutos, pero puede influir en cómo te recuerdan durante días. Vale la pena practicarlo tanto como cualquier otra parte de la entrevista.

HAS LLEGADO AL FINAL DEL LIBRO Y AL INICIO DE TU MEJOR ENTREVISTA.

Completaste los ejercicios del último capítulo. Eso significa que trabajaste todo el recorrido: desde entender cómo funciona una entrevista en inglés, hasta saber exactamente cómo cerrarla con confianza y hacer seguimiento de manera profesional. Eso no es poca cosa.

Lo que tienes ahora no es solo vocabulario ni frases memorizadas. Tienes estructura, estrategia y herramientas que puedes llevar a cualquier entrevista, en cualquier formato, con cualquier empresa. La próxima entrevista ya no es territorio desconocido. Es terreno que ya recorriste.

Sigue practicando. Cada conversación en inglés, cada simulación que hagas, cada pregunta que escribas y practiques en voz alta suma. El progreso en un idioma no siempre se siente inmediato — pero se acumula, y un día llegas a la entrevista y descubres que ya no tienes miedo. Solo tienes preparación.

BONUS: 🎁 ¡TU LIBRO VIENE CON UN REGALO EXCLUSIVO!

Este libro es solo el comienzo…

Ahora puedes acceder totalmente GRATIS al **Curso en Video de 30 Días para Hablar Inglés y la comunidad de SKOOL**, creado especialmente para lectores como tú.

👐 ¿Te cuesta mantenerte motivado?

📑 ¿Te gustaría ver y escuchar cómo se aplica lo que estás leyendo?

🧍 ¿Quieres sentir que alguien te guía paso a paso?

Entonces este curso es para ti.

🎥 ¿QUÉ INCLUYE EL CURSO?

☑ 30 lecciones en video (una por día, de solo 3 a 5 minutos)

☑ Explicaciones claras y prácticas que complementan cada capítulo del libro

☑ Ejercicios en pantalla, ejemplos reales y trucos para hablar con confianza

☑ Acceso a nuestra comunidad privada en **Skool** donde aprenderás junto a otras personas, resolverás dudas y nunca estarás solo

📱 Escanea el código QR que ves aquí arriba y accede al instante.

"No tienes que estudiar más… solo sigue el plan, un video al día, y verás cómo tu inglés empieza a fluir."

Hazlo por ti.

Hazlo fácil.

Hazlo con **Speak Fluenti.**

Únete ahora al curso gratuito y empieza a hablar inglés con confianza desde hoy.

CONCLUSIÓN

TU PRÓXIMO PASO

Llegaste al final del libro. Eso ya dice algo importante sobre ti. No sobre tu inglés todavía, aunque eso también mejoró mientras leías estas páginas. Dice algo sobre la actitud con la que te acercas a tus metas. Terminaste algo que empezaste. Llegaste hasta aquí. Y eso, en el proceso de aprender un idioma y prepararte para una oportunidad profesional importante, importa más de lo que parece.

Muchas personas compran libros de inglés que nunca terminan. Los dejan a la mitad porque el trabajo diario consume el tiempo, porque la preparación se siente abrumadora, porque la distancia entre dónde están y donde quieren llegar parece demasiado grande. Tú llegaste hasta el final. Eso no es un detalle menor.

LO QUE REALMENTE APRENDISTE

Este libro no es una colección de frases para memorizar. Si lo miras desde afuera podría parecer eso — vocabulario, estructuras, respuestas modelo, frases de apertura y cierre. Pero si lo miras desde adentro, desde el proceso real de haberlo trabajado, lo que construiste es algo mucho más valioso que una lista de palabras.

Construiste una manera de pensar sobre las entrevistas. Una manera de organizar lo que quieres decir para que llegue claro. Una capacidad para anticipar lo que va a pasar en esa conversación antes de que ocurra. Una colección de herramientas concretas que puedes llevar a cualquier entrevista, en cualquier formato, con cualquier empresa, en cualquier parte del mundo.

Eso no desaparece cuando cierras el libro. Se queda contigo.

EL CAMINO QUE RECORRISTE

Siete capítulos, una cantidad considerable de práctica y un recorrido que empezó desde lo más fundamental y llegó hasta las estrategias más refinadas del proceso de entrevista. Veamos todo lo que construiste:

Capítulo	Lo que aprendiste
Capítulo 1 *Cómo funcionan las entrevistas*	Entendiste la estructura completa de una entrevista en inglés, qué evalúan los reclutadores, cuáles son las etapas del proceso y qué actitud mental necesitas llevar el día de la conversación.
Capítulo 2 *Las preguntas más comunes*	Aprendiste las veinte preguntas que aparecen con más frecuencia en entrevistas internacionales, qué quiere saber realmente el entrevistador con cada una, y cómo responder con claridad y estrategia.
Capítulo 3 *Cómo estructurar buenas respuestas*	Dominaste el método STAR — la herramienta más poderosa para convertir cualquier experiencia profesional en una historia convincente, bien organizada y memorable.

Capítulo 4 *Cómo responder preguntas difíciles*	Aprendiste a hablar de fortalezas, debilidades, logros, errores y motivación de manera honesta, estratégica y profesional, sin perder la calma ni la autenticidad.
Capítulo 5 *Vocabulario y frases clave*	Construiste un banco de vocabulario profesional con verbos de acción, expresiones de alto impacto, frases de entrevistador y candidato, y aprendiste a evitar los errores más comunes de vocabulario.
Capítulo 6 *Simulaciones y entrevistas remotas*	Practicaste el flujo completo de una entrevista con dos simulaciones detalladas, preparaste tu entorno técnico para videollamadas y aprendiste a manejar los momentos difíciles: cuando no entiendes, cuando te quedas en blanco, cuando los nervios llegan.
Capítulo 7 *Cómo cerrar con profesionalismo*	Aprendiste a hacer preguntas inteligentes al entrevistador, a manejar el tema del salario con confianza, a cerrar la conversación dejando una impresión poderosa y a hacer seguimiento profesional después de la entrevista.

Mirado en su conjunto, ese es un repertorio completo de preparación para entrevistas de trabajo en inglés. No hay elemento importante que hayas dejado sin trabajar. Tienes el mapa del territorio completo.

LA META NUNCA FUE LA PERFECCIÓN

Hay algo que es importante decir con claridad ahora que llegamos al final, porque es uno de los malentendidos más comunes que tienen las personas que aprenden inglés para propósitos profesionales.

La meta de este libro nunca fue que hablaras inglés perfectamente. La meta fue que pudieras comunicarte con suficiente claridad y confianza para que un entrevistador pudiera evaluarte por lo que realmente eres y lo que realmente puedes hacer — y no por las limitaciones de tu idioma.

Esa es una distinción fundamental. Porque si la meta fuera la perfección, nadie estaría nunca listo. El inglés perfecto no existe ni siquiera para los hablantes nativos. Lo que existe es el inglés suficientemente bueno para comunicar con eficiencia, credibilidad y profesionalismo. Y eso sí está al alcance de cualquier persona que se prepara con consistencia.

Piensa en cuántos profesionales alrededor del mundo trabajan en empresas internacionales, dan presentaciones, lideran equipos, negocian contratos y construyen carreras brillantes con un inglés que no es perfecto. Lo hacen porque aprendieron a comunicarse con claridad. Porque saben organizar sus ideas. Porque tienen el vocabulario correcto para su campo. Porque se prepararon.

Tú tienes todo eso ahora. No como nivel máximo de desarrollo — el idioma siempre puede seguir creciendo — sino como base sólida desde la cual puedes trabajar.

> ✦ El inglés que necesitas para una entrevista no es el inglés de la literatura ni el inglés de los documentos legales. Es el inglés de la comunicación profesional efectiva: claro, organizado, respetuoso y específico. Y ese inglés ya lo estás desarrollando.

LO QUE CAMBIÓ EN TI, NO SOLO EN TU INGLÉS

Prepararme para escribir este libro me llevó a pensar en algo que ocurre en las personas cuando se preparan seriamente para una entrevista de trabajo en inglés. No solo mejora su idioma. Mejoran ellas.

Cuando aprendes a describir tu experiencia laboral en inglés con claridad y estructura, también la estás entendiendo mejor en español. Cuando practicas responder "¿cuál es tu mayor fortaleza?" para una entrevista, también estás reflexionando sobre qué valoras de ti mismo. Cuando construyes un banco de historias STAR sobre momentos de tu carrera, también estás reconociendo logros que quizás habías dado por sentados.

El proceso de preparación para entrevistas en inglés tiene este efecto secundario que nadie menciona suficiente: te vuelves más consciente de tu propio valor profesional. Aprendes a articular lo que hiciste y por qué importó. Aprendes a verte desde afuera, desde la perspectiva de alguien que está evaluando tu candidatura, y eso te obliga a reflexionar sobre tu trayectoria con una claridad que pocas otras actividades provoca.

Eso no lo pierdes cuando termina la entrevista. Esa claridad sobre quién eres profesionalmente, qué has logrado y qué puedes ofrecer se queda contigo. En inglés y en español. En entrevistas y en conversaciones de trabajo cotidianas. En negociaciones, en presentaciones, en reuniones con clientes.

La preparación para entrevistas en inglés es, en el fondo, un entrenamiento en comunicación profesional. Y los beneficios de ese entrenamiento se extienden mucho más allá de la entrevista específica para la que te preparaste.

EL CAMINO QUE SIGUE: LA PRÁCTICA QUE CONSTRUYE CONFIANZA

Terminar este libro no es el final de la preparación. Es el inicio de la práctica con herramientas reales. Y hay una diferencia importante entre las dos cosas.

Mientras leías el libro, absorbías información, entendías estructuras, reconocías patrones. Esa es la fase de comprensión. La fase que viene ahora es la fase de apropiación: hacer tuyas esas herramientas a través del uso repetido hasta que dejen de ser "frases que aprendí en un libro" y se conviertan en tu manera natural de comunicarte en inglés.

Esa transición no ocurre de un día para el otro. Ocurre cada vez que practicas en voz alta. Cada vez que te grabas respondiendo una pregunta de entrevista y te escuchas después. Cada vez que adaptas una respuesta del libro a tu experiencia real y específica. Cada vez que haces una simulación completa de principio a fin. Cada repetición te acerca un poco más al punto donde el inglés de la entrevista sale con fluidez natural, sin necesidad de recordar reglas ni buscar palabras.

CINCO HÁBITOS QUE MARCAN LA DIFERENCIA

1. Practica en voz alta todos los días, aunque sea cinco minutos. El inglés oral mejora con la práctica oral, no con la lectura silenciosa. Cinco minutos diarios de práctica hablada hacen más que una hora semanal de lectura pasiva. Puedes practicar en la ducha, en el auto, mientras caminas. No necesitas un espacio formal para entrenar la producción oral.

2. Revisa tus respuestas regularmente y mejóralas. Las respuestas que escribiste en los ejercicios del libro son un punto de partida, no una versión definitiva. Revísalas cada semana y ajústalas: ¿hay algo que puedas decir de manera más precisa? ¿Hay un verbo de acción más específico que podrías usar? ¿Puedes añadir un dato concreto que haga el resultado más convincente?

3. Escucha el idioma en contextos profesionales. Los materiales de audio del libro son un recurso importante, pero también puedes complementarlos con podcasts de negocios en inglés, videos de YouTube sobre desarrollo profesional, entrevistas a líderes empresariales o incluso películas y series donde los personajes trabajan en entornos corporativos. La exposición al idioma en contexto profesional activa vocabulario y entonación que el estudio formal no siempre captura.

4. Adapta constantemente el material a tu perfil real. Las respuestas modelo del libro son plantillas, no guiones. Tu tarea es personalizarlas completamente: con tu experiencia, tus logros específicos, los verbos que describen lo que tú hiciste, los números que reflejan tu impacto real. Cuanto más específica y personal sea tu respuesta, más auténtica va a sonar — y los entrevistadores detectan la autenticidad.

5. Haz al menos una simulación completa por semana. No simulaciones de respuestas individuales solamente — simulaciones del flujo completo, de principio a fin. Saludo, autopresentación, cinco o seis preguntas variadas, preguntas propias para el entrevistador, cierre. Ese flujo completo es lo que construye la resistencia comunicativa que necesitas para el día real. Y con la práctica, cada simulación se siente menos como un ejercicio y más como una entrevista que ya hiciste antes.

UNA ENTREVISTA PUEDE CAMBIAR UNA TRAYECTORIA

Quiero hablar un momento de por qué todo esto importa en términos más grandes. Porque a veces, en medio del proceso de aprender vocabulario y practicar estructuras, es fácil perder de vista el panorama completo.

Una entrevista de trabajo en inglés no es un examen de idioma. Es una puerta. Una puerta a una oportunidad específica, en un momento específico de tu carrera, que puede cambiar el rumbo de lo que viene después.

Puede ser el trabajo en una empresa multinacional que amplía tu perspectiva y tus contactos. Puede ser el puesto remoto que te permite trabajar desde donde quieras para una empresa de otro país. Puede ser la primera posición internacional que abre una secuencia de oportunidades que de otra manera nunca habrían llegado. Puede ser el salto de ingreso que cambia la calidad de vida de tu familia.

No todas las entrevistas resultan en ofertas. Eso forma parte del proceso. Pero cada entrevista que haces te prepara mejor para la siguiente. Cada conversación en inglés te hace más fluido para la próxima. Cada oportunidad que buscas activamente te acerca más al resultado que estás construyendo.

Y la persona que hoy terminó este libro tiene una ventaja real sobre la persona que no se preparó: sabe cómo funciona el proceso, tiene herramientas concretas para manejarlo y lleva a cada entrevista la confianza que viene de haber practicado en serio.

Esa ventaja es tuya. Nadie puede quitártela. Y crece con cada día que sigues practicando.

> ✦ Cada profesional que trabaja hoy en inglés en una empresa internacional fue una vez alguien que también sentía miedo de esa primera conversación. La diferencia entre ellos y quien no llegó es, en la mayoría de los casos, preparación y voluntad de intentarlo. Tú ya tienes la preparación.

LO QUE EL INGLÉS PUEDE ABRIRTE

Hablar inglés con suficiente confianza para competir en el mercado laboral internacional no es simplemente una habilidad técnica que suma a tu currículum. Es una herramienta de acceso. Acceso a mercados más grandes, a salarios más competitivos, a proyectos más interesantes, a redes profesionales más diversas, a posibilidades de vida que el mercado solo en tu idioma nativo simplemente no puede ofrecer en la misma magnitud.

El inglés es, en el mercado global actual, el idioma del trabajo internacional. No porque sea el mejor idioma ni el más bello ni el más lógico. Sino porque es el idioma que acordó usar el mundo profesional para comunicarse entre culturas, industrias y países. Y dominarlo — incluso a un nivel funcional, no perfecto — te pone del lado de quienes pueden participar en esas conversaciones.

Piensa en lo que eso puede significar concretamente para ti:

Trabajar para una empresa global desde donde vives, sin necesidad de emigrar.

Participar en proyectos internacionales que amplíen tu experiencia y tu perfil.

Comunicarte directamente con clientes, socios o colegas en otros países.

Acceder a recursos, cursos y oportunidades de formación disponibles principalmente en inglés.

Aumentar tu valor de mercado y tu poder de negociación salarial.

Construir una red profesional que trasciende fronteras.

Sentir la satisfacción y la confianza que vienen de saber que puedes desenvolverte en el idioma global del trabajo.

Nada de eso requiere que seas perfecto en inglés. Requiere que seas lo suficientemente competente para comunicar con claridad lo que puedes hacer y el valor que puedes aportar. Y eso ya lo tienes.

SOBRE EL MIEDO Y LO QUE HAY DEL OTRO LADO

Es normal sentir miedo antes de una entrevista en inglés. Es normal que la voz interior diga "y si no entiendo la pregunta", "y si me quedo en blanco", "y si mi acento es demasiado fuerte", "y si no tengo el vocabulario suficiente".

Ese miedo no desaparece completamente con la preparación. Pero cambia de naturaleza. Deja de ser un miedo paralizante que te impide actuar y se convierte en una tensión productiva que te mantiene alerta y enfocado durante la conversación. La diferencia entre los dos no es la ausencia de nervios — es el hecho de que tu preparación es más grande que tus nervios.

Cuando llegas a una entrevista habiendo practicado el flujo completo múltiples veces, habiendo trabajado tus respuestas a las preguntas más probables, habiendo preparado tu vocabulario específico y tus historias STAR, con tus preguntas para el entrevistador listas y tu mensaje de seguimiento ya pensado — eso que sientes al inicio de la entrevista no es terror. Es adrenalina. Y la adrenalina, bien dirigida, hace que estés más presente, más articulado y más memorable.

Todos los candidatos sienten nervios. Los que consiguen el trabajo no son los que no sienten nada — son los que aprendieron a transformar esa energía en desempeño.

El error más costoso es el que no cometes

Hay un tipo de error que no aparece en ninguna autoevaluación, que no puedes corregir en una segunda ronda de entrevistas y que tiene un costo real en tu carrera: el error de no intentarlo.

No aplicar a la posición porque "no tengo el inglés suficiente". No responder al mensaje del reclutador porque "mi perfil no es lo bastante fuerte". No hacer la entrevista porque "seguro hay candidatos con mejor inglés que yo".

Esos errores de omisión son los más silenciosos y los más costosos. Porque nadie ve el trabajo que no aplicaste, la entrevista que no diste, la conversación que no iniciaste. Solo tú sabes lo que dejaste pasar. Y solo tú cargas con el peso de no haber intentado.

La preparación que hiciste con este libro elimina la excusa del idioma. A partir de ahora, si decides no intentarlo, es por otra razón. Pero ya no puede ser porque no sabías cómo prepararte. Ese obstáculo ya no existe.

UNA PALABRA SOBRE LA IMPERFECCIÓN Y EL PROGRESO

Vas a dar entrevistas en inglés que no salgan perfectas. Va a ocurrir. Vas a responder una pregunta de manera más confusa de lo que querías. Vas a olvidar un vocabulario que habías practicado. Vas a necesitar pedir que repitan una pregunta. Vas a cerrar con menos elegancia de lo que esperabas.

Eso no es un fracaso. Es práctica real.

Cada entrevista imperfecta que completas es mejor preparación para la siguiente que diez simulaciones perfectas en casa. Porque en la entrevista real hay variables que no puedes controlar y que solo el contacto con esa realidad te enseña a manejar: la personalidad específica del entrevistador, la pregunta inesperada que no preparaste, el silencio incómodo después de una respuesta, la conexión de video que falla en el peor momento.

La resiliencia que necesitas para dar buenas entrevistas en inglés no viene de no cometer errores. Viene de seguir adelante cuando los cometes. De recuperarte rápido. De no dejar que un momento difícil arruine el resto de la conversación. De saber que incluso una entrevista que no resultó en oferta fue práctica que te hace mejor.

Esa actitud — seguir, aprender, mejorar — es la que distingue a los candidatos que eventualmente consiguen las oportunidades que buscan de los que se rinden después del primer intento difícil.

> ✦ No midas el progreso por cuántas ofertas recibes. Mídelo por cuánto mejor comunicas tu valor en inglés cada vez que tienes una conversación profesional. El progreso siempre viene antes de los resultados.

QUÉ HACER HOY

Terminar el libro es un buen momento para tomar una acción concreta que mantenga el momentum. No mañana, no la próxima semana, hoy.

⬤ **Si tienes una entrevista próxima:** Abre el libro en el Capítulo 2 y revisa las veinte preguntas más comunes. Identifica las tres que más probablemente aparezcan en tu próxima entrevista y practica tus respuestas en voz alta esta noche.

Si no tienes una entrevista específica en mente: Vuelve al Ejercicio 1 del Capítulo 6 y completa el perfil de la entrevista ideal para el puesto que más te gustaría tener en los próximos seis meses. Define el escenario, investiga la empresa y empieza a preparar tus respuestas adaptadas a ese contexto específico.

Si sientes que necesitas más práctica antes de aplicar: Haz una simulación completa grabada esta semana. Una sola. Escúchate, evalúa con honestidad y escribe tres cosas que mejorarás en la siguiente. Ese ciclo de práctica-evaluación-ajuste es el más poderoso que existe para el desarrollo de habilidades comunicativas.

El momento perfecto para empezar nunca llega. El momento que tienes ahora es el que existe. Úsalo.

EL MOMENTO EN QUE TODO SE JUNTA

Hay un momento específico que quiero que imagines. Un momento que puede ser tuyo.

Es el final de una entrevista de trabajo en inglés. El entrevistador acaba de decir "Thank you so much for your time today. It was really great speaking with you." Y tú, con calma, con una sonrisa genuina, respondes:

"The pleasure was entirely mine. I've really enjoyed this conversation and learned a lot about the role and the team. I'm genuinely excited about the possibility of contributing here. I look forward to hearing about the next steps."

Y después se despiden. Y cuando se cierra la pantalla o se cierra la puerta, hay algo que sientes. No solo alivio de que terminó. Algo mejor que eso.

Orgullo. La satisfacción específica de haber hecho algo difícil y haberlo hecho bien. De haber preparado, practicado, llegado y respondido. De haber comunicado con claridad en un idioma que no es el tuyo de nacimiento, ante alguien que no conocías, sobre un trabajo que importa para tu futuro.

Ese momento no llega por accidente. Llega exactamente porque hiciste lo que hiciste: leer este libro, trabajar los ejercicios, practicar en voz alta, grabarte, ajustar, mejorar.

Ese momento es el resultado de la preparación que empezaste aquí. Y está mucho más cerca de lo que crees.

Gracias por confiar en SpeakFluenti para esta parte de tu camino. Ha sido un honor acompañarte.

Ahora ve a practicar.

El equipo de SpeakFluenti